R. S. Tomek

Die 7 Regeln des Glücks
Die Erfolgsgeheimnisse des „Club Epicure“

Reinhardt Stefan Tomek

Die 7 Regeln des Glücks
Die Erfolgsgeheimnisse des „Club Epicure“

D. Fischer Verlag Berlin

Impressum

Reinhardt Stefan Tomek:
Die 7 Regeln des Glücks
Die Erfolgsgeheimnisse des „Club Epicure“

2., aktualisierte Auflage
D. Fischer Verlag Berlin, 2010
www.dfischer-verlag.com
Lektorat: Elisabeth Schricker
Fotos: Tomas Adel
Gestaltung: www.zweisatz.net

ISBN 978-3-923135-54-7

i.d.u.h.z.

Inhaltsverzeichnis

Einführung 07

Wer war Epikur? - Biographie und Philosophie 10

Ein mystisches Erlebnis 18

Das Geheimnis der verschwundenen Schriften 22

Freude - ein Synergiesystem 28

1. Regel 31
Glück ist der Mehrwert aus der Synergie eines gesundes Körpers und einer gesunden Seele.

2. Regel 38
Erkenne, was dem Körper Freude macht! -
Bewegung und Ernährung.

3. Regel 48
Freude als Umweltziel: Die Ökologie der Freude

4. Regel 50
Freude als strategisches Ziel: Die Ökonomie der Freude

5. Regel 53
Wie man Glück in all seinen Beziehungen findet -
Freundschaft, Partnerschaft, Sexualität

6. Regel 62
Das Geheimnis von Nutzen und Ordnung

7. Regel 65
Die Krise als Chance begreifen

Epikur-Zitate 66

Nachwort 70

Einführung

Jeder Mensch strebt nach Glück. Die meisten verstehen unter Glück Erfolg in seinen zahlreichen Bilderbuchvarianten: ein gutes Einkommen, die Erfüllung aller materiellen Wünsche, Ansehen und Liebe (d.h. meist geliebt zu werden), allenfalls noch Gesundheit und Lebensfreunde, wobei die meisten Menschen glauben, dass sich diese von selbst einstellen (oder auch nicht), also wenig abhängig vom eigenen Wollen und Wünschen sind.
Manche Menschen scheinen tatsächlich das Glück „gepachtet zu haben", wie das Sprichwort sagt. Andere haben immer nur Pech.
Manche meinen resigniert, Glück (im Sinne von materiellem Erfolg und Macht) haben nur skrupellose Menschen. Menschen, die sich dem Bösen verschrieben haben und für Geld alles tun.

Bei näherer Betrachtung aber stellt sich heraus, dass jene, die sich zynisch nur der materiellen Macht und dem Götzen Kapital verschrieben haben, keinesfalls immer glücklich sind.
Nicht einmal durch Arbeit, Fleiß und womöglich Bildung kommt das Glück automatisch zu uns. Stattdessen allenfalls eine gute berufliche Laufbahn.
Manche wiederum sind materiell abgesichert, kunstsinnig, tun Gutes, sind erfolgreich, haben eine gute Beziehung und werden trotzdem krank, sterben frühzeitig und hinterlassen fassungslose, unglückliche Menschen. Hin und wieder bringen große Illustrierte Storys über erfolgreiche, gesund lebende Manager, Schauspieler und Politiker, die plötzlich an Krebs sterben - und keiner weiß warum.
Andere haben wenig Mittel, keine große Sicherheit, sind aber glückliche, begabte Menschen, begnadete Künstler oder oft auch Lebens-Künstler, denen niemand

und nichts etwas anhaben kann und die eine ansteckende Heiterkeit verströmen. Tatsächlich gibt es viele Menschen, die Gutes tun, die wahrhaftig leben, die materiellen Wohlstand, ein erfülltes Liebes- und/oder Familienleben haben, die gesund sind, sich mit Kunst beschäftigen, auch Einfluss durch ihr Ansehen haben, die Glück ausstrahlen, obwohl das Böse versucht hat, sie durch Kerker und Folter umzubringen oder zu brechen, wie in neuerer Zeit einen Nelson Mandela oder einen Vaclav Havel.
Diese Menschen verströmen so viel Kraft, dass sie sogar ihre Feinde bekehren. Alles, was solche Menschen beginnen, scheint ihnen zu gelingen. Sie strahlen Zuversicht und Freude aus. Ist es Zufall? Schickung? Genetische Programmierung? Oder gibt es ein Geheimnis mit Regeln und Methoden, mit erlernbaren Formeln und Verhaltensweisen?

Auf der Suche nach einer Philosophie, also nach einem Sinn für das Leben in dieser Welt, stieß ich eines Tages auf den griechischen Philosophen Epikur (350 vor Chr.) und nutzte seine Erkenntnisse für zwei Bücher. Und in einer Situation größter Not, in der meine psychische und physische Zerstörung drohte, wurde ich in die Geheimnisse, Regeln und Methoden seiner Epigonen, die eine Art Club bilden, der weltweit agiert, eingeführt. Bisher haben wir nur Bruchstücke dieses Wissens erfahren. Manches ist als Volksweisheit weitergegeben worden, ohne dass die Herkunft klar war, wie zum Beispiel der Spruch: „Wenn es am Schönsten ist, soll man aufhören“. Dahinter steht die Philosophie Epikurs. Von ihm stammt auch die Weisheit „Wem genug zu wenig ist, dem ist nichts genug.“

Die Regeln und Weisheiten haben mir aus einer zerstörerischen Situation herausgeholfen und mich zu einem glücklichen Menschen gemacht, wobei ich selbst immer noch ein Lernender bin. Heute weiß ich, dass dieses Glück kein Zufall ist, sondern Teil eines ganzheitlichen Planes, den der große Baumeister der Welt programmiert hat und über dessen Grundzüge der große Philosoph Epikur bereits 350 Jahre vor Christus geschrieben hat.

Diese Geheimnisse eines glücklichen Lebens möchte ich teilen und weitergeben. Bereits 1984 haben Peter Ustinov, Baron Bohus de Vilagos, Malcom Fox und ich selbst den „Club Epicure“ als Netzwerk auf Basis der Lehren Epikurs im Grand Hotel de l'Europe in Bad Gastein gegründet. Der Philosoph Maik Hosang, Andreas Mascha, ich und andere haben 1998 ein Manifest für eine neue Qualität des Lebens verfasst. Es stellt heute die Grundlage für den „Club Epicure“ dar. Wer sich dafür interessiert, möge sich unter berlin@oekowellness.de melden.

Reinhardt Stefan Tomek

Peter Ustinov erhält von R. S. Tomek und Baron Bohus de Vilagos den mit 10.000 Dollar dotierten „Epicure“-Jahrespreis.

Wer war Epikur?

Epikur wurde 341 v. Chr. als Sohn gebildeter Eltern auf der Insel Samos vor der Westküste Kleinasiens geboren. Die Zeiten waren wirtschaftlich schlecht bedingt durch den Kampf zwischen Athen und Makedonien. Dies hatte seinen aus Attika stammenden Vater Neokles veranlasst, dort neben seiner Arbeit als Lehrer einen landwirtschaftlichen Betrieb zu übernehmen. So wuchs Epikur als ältester von vier Söhnen in einfacher Ländlichkeit und in großer Harmonie mit der Natur und seiner Familie auf. Im Alter von 14 Jahren sandte ihn der Vater in die Schule des Nausiphanes nach Teos. Dort lernte Epikur einige Jahre, bis er 323 v. Chr., es war das Todesjahr Alexanders des Großen (356-323 v. Chr.), zur Ableistung seines militärischen Ephebenjahres nach Athen ging. Danach kehrte Epikur zu seinen Eltern, die inzwischen ihren Landsitz durch Krieg verloren hatten, nach Kolophon im Westen Kleinasiens zurück.

Epikur fand sich in einer Zeit, in der alte Werte verloren waren und nur durch religiöse Gebräuche des Volkes matt weiterbestanden. Die widersprüchlichsten Weltanschauungen wurden verkündet, die Bewegung der Sophisten hatte sich aufgelöst, die Schule der Hedoniker verkündete weiterhin die Lust als letzten Zweck des Lebens, versank aber angesichts der Nichterfüllung dieses Ziels in reine Negation und in Pessimismus, die Zyniker zogen als groteske Weltverbesserer umher, alles bekrittelnd, was das Leben liebens- und lebenswert macht.
Aus diesem philosophischen Wirrwarr und dem durch die Kriege vergrößerten Elend kristallisierte sich eine Sehnsucht nach Glück in tiefer Stille, frei von Unruhe und Ängsten. Epikur begegnete dieser Zeit mit seiner Lehre der Freude, die bald viele Anhänger fand.

Über die Stationen Mytilene auf Lesbos und Lampsakos kam Epikur mit seinen Anhängern nach Athen, wo er sich 306 v. Chr. niederließ. Die Einflussreichen seiner Schülerschar erwarben für Epikur ein größeres Grundstück, auf dem außer Wohngebäuden und Gemeinschaftsräumen auch ein auffallend schöner Garten angelegt war. Dieser Teil des Besitzes erschien für die Sinnesart und Vorliebe der Mitglieder der neuen Gemeinschaft so bezeichnend, dass sie im Volksmund bald die „Philosophen vom Garten" hießen. Am Eingang des Gartens soll eine Inschrift die Besucher wie folgt eingeladen haben:

Freund, das ist ein guter Ort: Hier wird nichts mehr verehrt als das Glück.

Hier lebte und lehrte Epikur 35 Jahre lang gemeinsam mit seinen Anhängern, ohne Rücksicht auf Geschlecht oder Rang, ein freudvolles, Geist und Körper sinnerfüllendes Leben. Im Jahre 270 v. Chr. starb Epikur im 72. Lebensjahr - damals ein sehr hohes Alter - in dem Bewusstsein, der Menschheit durch seine Philosophie einen Dienst erwiesen zu haben.

Zeugnis von der Philosophie Epikurs gibt vor allem sein Hauptwerk *Über die Natur*. Teile antiker Papyrus-Abschriften davon wurden in 38 Buchrollen entziffert, die zu den Beständen einer Bibliothek gehörten, welche man nur durch Zufall bei den Ausgrabungen der im Jahre 79 n. Chr. durch einen Vesuv-Ausbruch verschütteten römischen Stadt Herculaneum fand. Andere Schriften Epikurs sind uns durch Schriftsteller wie Diogenes, Laertios, Polystratos und Philodemus sowie durch die Wiedergabe von Vorträgen epikuräischer Sprecher in den Dialogen Ciceros überliefert. Der Dichter Lukrez verherrlichte Epikurs Leben und Lehre als „Ruhm der Griechenheit" in einem Gedicht von fast 8000 Zeilen. Aber es blieb ein Geheimnis, warum seine Glückslehre selbst, sein Hauptwerk, nach dem er selbst und seine „familia" lebten und das ihn nach damaligen Maßstäben steinalt werden ließ, nirgendwo gefunden wurde.

Ludwig Marcuse (1894-1971) schrieb 1949 treffend:
„Der Mann ist nicht so berühmt geworden wie der Gattungsbegriff (Epikuräer). Epikur hat nicht weniger Schule gemacht als Buddha oder Sokrates oder Jesus. Aber er wurde nicht zur Legende. Seine Ratschläge blieben „handfeste“ Literatur. Aus dem Schatz der Weisheiten griechischer Philosophie haben sie als einzige bis heute nichts an Wirkung eingebüßt, weil ihre Nutzanwendung nicht nur zeitlos, sondern ausgesprochen zeitgemäß ist.“

Auch Karl Marx hat sich übrigens in einer Doktorarbeit über Epikur zu dem Philosophen als den „größten griechischen Aufklärer“ bekannt.

Philosophische Grundsätze

Epikurs Lehre ist eine Philosophie der Freude. Diesem Ziele dient all sein Denken, in ihm fügen sich alle einzelnen Stücke und Gruppen seiner Gedanken zu einer fest geschlossenen Einheit zusammen. Selbst wenn man, wie es schon im Altertum geschehen ist, drei große Teile seines Systems unterscheidet: die allgemeine Naturlehre, die Erkenntnistheorie und die spezielle Glückslehre (Ethik), so greift doch überall eines ins andere und ist isoliert sinn- und zwecklos.

Viele verschiedene Erkenntnisse und Weisungen werden auf einen einzigen Mittelpunkt bezogen, auf das Ich des Menschen, dessen vollkommener Glückszustand begründet werden soll. Wenn es Aufgabe der Philosophie ist, das Leben überhaupt möglich zu machen, so hat Epikur diese Aufgabe mit voller Klarheit und größtem Ernst begriffen. Da es so ist, dass überhaupt jedes Lebewesen instinktiv richtig nach dem ihm gemäßen Daseinszustand strebt, indem es die möglichst größte Fülle des Lebens genießt, können Philosophie und Physiologie, das heißt Betrachtung und Ergründung der Natur, nur das Ziel haben, auch dem Menschen die größtmögliche, ruhigste und ungetrübteste Freude des Daseins zu deuten und den Weg zu ihr aufzuzeigen.

Diese Freude ist nun nicht etwa eine primitive Lust oder gar Wollust, sondern Schmerzlosigkeit im Bereiche des Lebens und völlige Beruhigung im Bereiche der Seele. Es ist der ungetrübte Genuss am Dasein selbst, das uns so viele der schönsten und reinsten Güter schenkt. Es ist jene immer gleich bleibende selig-frohe Glücksstimmung, die von Epikur selbst am liebsten mit einer nur leise bewegten, strahlenden Meeresfläche verglichen wird. Echt hellenisch sieht er in der Verbindung der vollen Gesundheit des Körpers mit der Gesundheit eines ruhigen Geistes die höchste Lebensform. Das ist also die klar erkannte, von Anfang bis Ende stets neu zu lösende Aufgabe jedes Einzelnen. Wie aber können wir das tun?

Nicht nach jeder beliebigen Freude greift der Epikuräer, vor allem nicht nach einer trivialen und gemeinen. Nicht aus haltlosem Schmausen und Zechen, so schärft Epikur ein, oder aus unterschiedslosem Liebesgenusse schöpfen wir die erstrebenswerte wahre Freude. Auch auf Reichtum, Ehren und Einfluss ist kein Wert zu legen, und in die Politik mit ihren ständigen erbitterten Kämpfen, ihrer zermürbenden Unruhe, ihren unvorhergesehenen Zufällen wird sich der Epikuräer nur dann mischen, wenn ein starker Zwang für ihn vorliegt. Wir bedürfen dieser falschen Freuden und dieser trügerischen Besitztümer gar nicht; denn unsere Natur ist mit schlichten Gütern völlig zufrieden.

Anstatt in ewiger Besorgnis um Besitz und Ehrenstellen zu leben, sollen wir bei bescheidenen Ansprüchen jene ruhevolle Hochstimmung in uns erzeugen, die aus einem schuldlosen Gewissen, aus dem Bewusstsein, gerecht zu denken und zu handeln, erwächst und die uns jeden neuen Tag als ein beglückendes Geschenk erscheinen lässt. Wir müssen also die Freuden sorgfältig auswählen, müssen ihren Wert zu unterscheiden wissen und unter ihnen die herausfinden, die unserer persönlichen Eigenart am angemessensten und dienlichsten sind. Mitunter müssen wir erst durch Schmerzen tapfer hindurch schreiten, wenn hinter diesen Schmerzen um so größere und wertvollere Freuden winken.

Die Philosophie Epikurs ist eine bis ins letzte verfeinerte Lebenskunst. Zu ihr wollte der Meister seine Schüler und weiter alle Menschen führen, die mit einem dafür empfänglichen Sinne begabt sind. Jedoch den richtigen, einzigen Weg zu dieser Lebenskunst findet man nur, wenn man die Beschaffenheit der Natur in ihrer Gesamtheit kennt.

Die Natur aber erklärte Epikur wie folgt:
Sowohl der Körper als auch die Seele sind aus unzähligen verschiedenartigen Urteilchen, den Atomen aufgebaut. Genauso wie auch der unendliche Raum, in dem sich die Gestirne bewegen, bewegen sich auch die Atome unseres Körpers und der Seele in unablässiger Veränderung. Es werden Atome abgesondert, gehen uns verloren, andere kommen neu hinzu und werden neu in unseren Bestand aufgenommen. Überwiegt der Verlust an Atomen beim Menschen, genauso wie bei allen anderen Dingen und Welten im unendlichen Raum, dann ist der betreffende Körper dem Zerfall ausgesetzt und löst sich in seine Atome auf. Bei einem Lebewesen pflegen wir zu sagen: es stirbt.

Die Atome selbst aber sterben nicht, sondern werden zum Aufbau anderer neuer Dinge, Planeten und Lebewesen verwendet. So entstehen Leben und Tod, Werden und Vergehen in ewiger Wechselwirkung.
Da auch die Seele individuell nicht fortlebt, sondern in ihre Atome zerfällt, wenngleich Teile der Seele sich in neuen Lebewesen wiederfinden mögen, gibt es auch weder Himmel noch Hölle, sondern allenfalls eine Wiedergeburt unserer Seele in einem neuen Menschen. Damit fällt auch die Furcht und Sorge um das Schicksal unserer Seele nach dem Tode, da wir nicht nach diesem, sondern bereits in diesem Leben belohnt und bestraft werden. Es gibt also kein Jenseits!

Diese vielleicht zunächst erschreckende Feststellung wird gleichzeitig bei näherem Nachdenken zu einer ungeheuren Erlösung. Denn da wir nur ein einziges Mal geboren werden, stellt sich dieses - unser einziges - Leben als eine wunderbare Aufgabe dar. Um ihr gerecht zu werden, d.h. um die höchste Glückseligkeit und Freude zu erringen, müssen wir alle die von der Natur uns geliehenen Kräfte - vor allem die des Geistes - mobilisieren. Der Tod ist somit kein Schrecknis mehr; er ist ein Nichts. Der Tod ist Aufhebung jeglicher Empfindung, gleicherweise angenehmer wie unangenehmer.

So hat Epikurs Philosophie dem Tode die Gewalt gegenüber dem Menschen entrissen und damit auch die Furcht vor Gottheiten, vor ihrem Zorn und vor ihren Strafen überflüssig gemacht. Dies bedeutet nicht, dass es keine Gottheiten gibt, aber da sie frei sind von Gunst und Hassgefühlen (einer typisch menschlichen Eigenschaft) und in unvergänglicher ungetrübter Glückseligkeit leben, belohnen und bestrafen sie auch niemanden. Sie haben diesen Kosmos geschaffen und leben in Unveränderlichkeit zwischen den Kosmen.

Die epikuräische Philosophie gibt somit dem Menschen die volle Selbstentscheidung, um zu seinem persönlichen Glück zu gelangen.
Die einzige Sorge und Angst, die wir somit haben müssen, besteht darin, dieses einmal von dem großen Baumeister der Welt geschenkte Leben sinnlos zu vergeuden.

Der Epikuräer lebt freudvoll, vernunftvoll und gerecht, denn es ist nicht möglich, freudvoll zu leben, wenn man nicht gerecht, edel und vernunftvoll lebt. Aber man kann umgekehrt auch nicht gerecht, edel und vernunftvoll leben, wenn man nicht freudvoll lebt. In diesem Sinne muss die Summe des Glückes, die wir in diesem Leben erfahren können, aus der Gesundheit des Körpers und der Seele entspringen. Dazu müssen wir uns von den Weisungen der Natur leiten lassen.

Unser Leben kann nur glückvoll sein, wenn wir uns an ihm erfreuen. Aber ohne überquellende Gier und Leidenschaft, ohne maßlosen Ehrgeiz und ohne Verstöße gegen die Interessen unserer Mitmenschen und selbstverständlich ohne Verletzung der von der Gemeinschaft beschlossenen Gesetze - solange diese gerecht sind, d.h. tatsächlich für die wechselseitigen Bedürfnisse einer bestehenden Gemeinschaft nützlich sind. Denn die Gesetze sind für den Weisen nicht dazu gegeben, dass er kein Unrecht tue (sonst wäre er nicht weise), sondern dazu, dass er kein Unrecht erleide, sagt Epikur.

So baut der Epikuräer auf Basis dieser Lebensphilosophie sein Leben und sein Glück täglich neu. Er wird darin nichts dem Zufall überlassen, denn es gibt für ihn kein unabänderliches „Schicksal“. Wir haben die Zukunft selbst in der Hand, weil wir diese - auch wenn wir Irrtümer begehen mögen - mit unserer Vernunft gestalten können.

Wenn man weise ist, wird dies ein Leben sein in einer gewissen Bescheidenheit und Zurückgezogenheit, die uns nicht allzu sehr von der Umwelt abhängig macht und uns damit eine persönliche Autarkie, also Unabhängigkeit gewinnen lässt. Dies bedeutet nicht, dass wir uns von unseren Mitmenschen absondern; sondern wir sollen vielmehr Gleichdenkende als Freunde gewinnen und seelisch mit uns verbinden, um für alle die Glückseligkeit auf Erden zu fördern.
Freundschaft als gegenseitiges Geben und Schenken ist für den Epikuräer ein hohes, wertvolles Gut. Freundschaft schenken kann man aber nur, wenn man selbst innerlich reich an Freude und autonom ist.
Und so wie wir sorgfältig die zu uns passenden Freuden auszuwählen haben, um glücklich zu sein, müssen wir auch unsere Freunde sorgfältig wählen.

Epikurs Philosophie ist eine anthropozentrische Weltanschauung. Der Mensch in seinem Dasein und Sosein in Harmonie mit der Natur ist das Maß aller Dinge. Wer die Lehren Epikurs befolgt und sie sich konsequenterweise zu eigen macht, wird nach dem Ausspruch des Meisters „leben wie ein Gott unter den Menschen“. Das ist die Belohnung für eine richtige Lebensstrategie!

Ein mystisches Erlebnis

Eigentlich wollte ich ja Künstler werden. Schriftsteller. Beim Schreiben fühlte ich mich am wohlsten. Doch die Eltern und die bürgerliche Umwelt verlangten nach einem ordentlichen Einkommen, „einer gesicherten Existenz“, was immer man darunter verstehen mag. „Dann könne man es sich ja leisten, Künstler zu sein.“ Also orientierte ich mich danach, und Trotz und Fähigkeiten, vor allem aber der nicht zu unterdrückende Einfallsreichtum der künstlerischen Natur in mir, führten dazu, dass ich mit 32 Jahren mehrfacher Millionär, Besitzer einer schönen Wohnung in Monte Carlo, einer kleinen Yacht und dreier Autos war. Aber: Ich war geschieden und ich war nicht glücklich.
Ich versuchte zu schreiben. Also den Geschäftsmann und Unternehmensberater Tomek aus- und den Künstler einzuschalten. Aber es wurde nichts Rechtes daraus. Auch die zweite Liebesbeziehung zog mich zwar zu immer stürmischeren Momenten der Lust, aber auch der Eifersucht. Glück war es nicht. Es war dies eine Zeit, wo ich zwischen Glück, Lust und Freude, wie so viele Menschen, gar nicht unterscheiden konnte.

Nahezu gierig griff ich nach einer mir angebotenen Aufgabe, die so komplex und schwierig war, dass sie mich voll vereinnahmte und mir keine Zeit mehr ließ, darüber nachzudenken, was Glück eigentlich ist. Eine große Unternehmensgruppe hatte mir angeboten, ein wunderschönes, altes Grandhotel in Bad Gastein (das Grand Hotel de l'Europe), das viele Jahre geschlossen war und von Grund auf renoviert werden musste, zu sanieren.
Ich fuhr also über Italien durch das Salzburger Land nach Bad Gastein in die österreichischen Alpen. Ein Ort mit Geschichte, heißen Quellen, einem Hauch von

Monarchie. Mit meinen Eltern war ich öfter als kleiner Junge dort gewesen, meist zu Ärztekongressen.

Weil es tagsüber zu heiß war, fuhr ich am Abend los, und beschloss irgendwo zu übernachten. Ich wusste nicht, warum mich plötzlich ein kleines italienisches Bergdörfchen anzog. Es gab hier nur einen Parkplatz weit unten. Das Dörfchen weit oben und die Gassen der alten Sarazenensiedlung waren so eng, dass man nur zu Fuß oder allenfalls mit einem Esel hindurch kam. Sie führten mich zu einem kleinen Albergo mit Ristorante gleich neben der alten Post. Schräg gegenüber von einem kleinen Kapellchen saß ich bald auf dem winzigen Balkon, sah den Mond und das Meer. Ich trank ein Glas Wein und fühlte mich irgendwie glücklich und gelassen, wie schon lange nicht mehr. Ich war allein, und keines der vielen hübschen Mädchen, die ständig um mich herum waren, fehlte mir. Ein richtiges Glücksgefühl durchströmte meinen Körper. Ich spürte es wie ein Rieseln. Ich grübelte nach. Warum gerade hier und jetzt?

Plötzlich fragte eine wundervolle weibliche Stimme wie von einer Sängerin: „Du fühlst dich glücklich, weil zufällig drei Dinge zusammenkamen, die für die Harmonie von Körper und Seele wichtig sind.“

Ich erschrak. Ich hatte wohl laut gedacht. Ich fragte: „Welche drei Dinge?“ und suchte, woher die Stimme kam.

Sie antwortete: „Du reist mit einem Ziel, von dem du glaubst, dass es dir Freude macht. Zu einer Aufgabe, die dir entspricht. Du bist deinem Gefühl nach Schönheit und Wahrhaftigkeit gefolgt, als du diesen Ort aufsuchtest, und du hast nicht viel erwartet. Und drittens, du hast bescheiden, aber gut gegessen und getrunken. Epikur sagt: *Glück ist die Synergie aus einem gesunden Körper und einer gesunden Seele.*“

„Wer ist Epikur?“, fragte ich und trat an die Brüstung.

Die geheimnisvolle Stimme sprach aus der Dunkelheit zu mir: „Epikur ist der Philosoph der Freude. Wer nach der Freude wirklich sucht, der wird sie finden.“

Ich erinnerte mich vage, im Philosophieunterricht von dem Namen gehört zu haben, aber es war uns nichts Näheres gelehrt worden. Ich suchte nach der Frau, der die Stimme gehörte. Doch jetzt, da der Mond durch eine dichte Wolke verhüllt war, konnte ich niemanden finden. Plötzlich riss die Wolkendecke wieder auf und ich sah statt des Mondes eine helle Kugel mit dem Bildnis eines kraftvollen Stiers, auf dessen Rücken gelassen eine schöne Frau schwebte. Sie saß verkehrt auf seinem Rücken und schien in meine Richtung zu blicken, während der Stier in den Himmel hinaufstrebte. Ein Gefühl der Freude und ein heißes Sehnen durchströmten mich. Aber so plötzlich und so deutlich ich diese Erscheinung wahrgenommen hatte, so unversehens verging sie. Der Mond war wieder der Mond, und auf ihm gab es nur seine Krater zu sehen. So zerbrach ich mir den Kopf, ob ich phantasiert, geträumt oder ob wirklich jemand mit mir gesprochen hatte.

Heute weiß ich, dass dies nicht wesentlich ist. Sehr viele Dinge, die uns wie ein Traum erscheinen oder nicht real sind, sind viel wirklicher als wir meinen. Wesentlich ist, dass ich eine Antwort auf meine Frage erhalten hatte, die mich auf den richtigen Weg brachte. Es sollte ein langer Weg werden.

In den nächsten Wochen, in denen ich meine Arbeit freudvoll aufnahm, weil ich wirklich Sinn und Erfüllung darin sah, aus diesem alten Kurort und einem herrlichen auf Felsen gebauten Grandhotel wieder einen angesehenen Treffpunkt zu machen, so wie es einmal war, nutzte ich die Freizeit, um in Buchhandlungen nach

Büchern und Schriften über Epikur zu suchen. Ich hatte den Begriff „epikuräisch“ eigentlich immer nur mit lustvollem Essen verbunden und den Begriff Synergie, von dem ich schon mehrfach gelesen hatte, brachte ich bisher in Zusammenhang mit Effizienz, Rationalisierung. Beides war falsch oder eine Halbwahrheit, die auf falsche Gleise führte, wie ich bald erfuhr.

Das Geheimnis der verschwundenen Schriften

(Begegnung mit einem Nachfahren Epikurs)

Zunächst hatte ich unter dem Zeichen der Freude einen Erfolg nach dem anderen. Was die meisten nicht für möglich hielten – nämlich die Wiedereröffnung des Grandhotel de l'Europe mit Prominenz aus aller Welt – gelang. Aber Erfolg macht leider oft auch blind. Und anstatt mich zu bescheiden, ließ ich mich mit Menschen ein, die negative Synergien verbreiteten – aus Eitelkeit und Selbstüberschätzung. Ich ließ mich auf viele Dinge ein und expandierte meine Konzepte und Ideen sogar in andere Länder.

Und es gab viele Dinge, die mir gar keine wirkliche Freude machten, gar nicht meiner Persönlichkeit entsprachen, um den Finanzpartnern und der Prominenz, deren Schulterklopfen ich genoss, dienlich zu sein. Mein (vermeintlicher) Höhepunkt meiner Karriere war, als ich ein Essen für die fürstliche Familie des Fürstentums Monaco und für Weltstars in Los Angeles gab. Links neben mir saß Fürst Rainer, rechts neben mir Liza Minelli, ich war bei Linda Evans zum Lunch eingeladen und spielte mit Trini Lopez Tennis, schlürfte mit Peter Ustinov Whisky auf echtem Gletschereis und ich hatte einen Bentley mit Chauffeur.

Ich konnte aber nicht merken, dass meine Synergiebilanz schon längst negativ war. Damals wusste ich nicht um diese Geheimnisse. In nur zwölf Monaten passierten viele Dinge im Markt, im Gesellschafterkreis und bei den Banken, und meine Welt zerbrach; man zeigte mit Fingern auf mich, den Verlierer. So wie man mich zuvor emporgejubelt hatte.

Dank der Lehre Epikurs zerbrach aber nicht ich als Mensch. Durch den Schicksalsschlag, die Erkenntnis eigener Fehler vertiefte ich mich noch mehr in die Geheimnisse des Glücks und schrieb mein erstes Buch *Epikur 2000. Freudvoll leben und überleben in einer kranken Welt*, auf dessen Umschlag ich das Zeichen der Freude setzte, den Stier mit der entgegengesetzt zur Laufrichtung sitzenden Frau auf dem Rücken.

Beim Lesen und Schreiben über Epikurs Thesen, fiel mir immer mehr auf, dass viele über Epikur geschrieben haben, aber offensichtlich keiner selbst je ein Werk Epikurs zu Gesicht bekommen hat. Dies verstand ich nicht. Ich konnte es mir nicht erklären. Ich fand auch keine Erklärung. Ich stieß aber auf einen Hinweis, dass es einen Experten gäbe, einen alten Professor, der jetzt zurückgezogen auf einer Insel im Mittelmeer lebte.

Ich schrieb diesem Mann, erhielt aber keine Antwort. So suchte ich ihn auf gut Glück auf, und nach vielen Mühen und Fragen fand ich ihn.
Er lebte in einem kleinen Haus, in einem großen, wunderschönen, wilden Garten auf einem Berghang weit über den Dörfern. Zwei Frauen, eine jüngere und eine ältere, empfingen mich und fragten nach meinen Wünschen. Ich legte ihnen mein Buch vor, bei dem das Zeichen des Glücks der Titel war. Ich bat um Informationen über Epikur, die ich bisher nirgends erhalten konnte und wies daraufhin, dass ich geschrieben hatte. Die beiden Damen strömten eine heitere Gelassenheit aus, wie man sie selten bei Menschen findet. Während die jüngere mich bat, Platz zu nehmen und mir Tee anbot, verschwand die ältere, um dem Professor mein Anliegen nahe zu bringen.
Plötzlich hörte ich einen lauten Aufschrei der Überraschung, dann eine volle, tiefe, angenehme Stimme, die da rief: „Ich komme! Ich komme sofort!"
Professor W. erschien und machte auf mich den Eindruck eines 50-Jährigen, ob-

wohl ich wusste, dass er schon über 80 Jahre alt sein musste. Er sah einer Büste Epikurs tatsächlich ähnlich. Er war Grieche, sprach aber mehrere Sprachen fließend. Wir unterhielten uns in einer Mischung aus Französisch, Englisch und Deutsch. Er fragte mich, woher ich dieses Zeichen habe und ich erzählte ihm die Geschichte meiner Vision.

Er bat mich, mit ihm zu gehen und führte mich in sein Zimmer. Stumm deutete er auf eine große, griechische Vase. In der Mitte des Bauches der Vase sah ich mein Zeichen abgebildet. Er sagte: „Willkommen im Club der Freude." Er verwandte das englische Wort „club". Was nicht unbedingt mit einem Verein oder einer Gesellschaft zu tun haben muss, sondern einfach ein Zusammentreffen von gleichdenkenden Menschen sein kann. Er erzählte mir, dass diese Vase aus dem Besitz Epikurs stamme, und dass er einer der Nachkommen Epikurs wäre.

Ich sagte, ich hätte das Zeichen immer so verstanden, dass es ein Sinnbild für die Freude, für die Synergie zwischen Körper und Seele, zwischen Mann und Frau, für das Leben schlechthin sei. Aber dass ich nie verstanden hätte, warum die Frau rückwärts blickt und nicht nach vorne. Er sagte: „Die Frau als Sinnbild allen Lebens blickt zurück, während der Stier kraftvoll nach vorne strebt. Beides ist wichtig. Man kann keine Zukunft haben, wenn man sie nicht aus der Vergangenheit entwickelt. Wer in die Zukunft geht, muss aus dem Vergangenen lernen. Wir können nur den richtigen Weg beschreiten, wenn wir wissen, woher wir gekommen sind."

Aus Überlieferungen und Briefen abgeleitet, erzählte er mir folgende Geschichte:

Epikur lebte für die damalige Zeit sehr lange. Er überlebte alle seine Frauen und die meisten seiner Kinder und Freunde. Als ihn ein schmerzhaftes Nierenleiden, eine Entzündung, immer mehr quälte, rief er die sieben Menschen, die ihm am nächsten standen, die er am meisten liebte, zu sich und sprach:

„Meine Lieben, ich möchte in Würde und in Freude und mit euch sterben und nicht zufällig irgendwo hingekrümmt und hingefällt durch den Schmerz, dem Todfeind der Freude, sondern stattdessen den Feind besiegen, indem ich ihm entgegenkomme und einen Trunk nehme, der mich in euren Armen einschlafen lässt.

Ihr kennt meine Philosophie und ihr lebt danach. Ihr kennt meine Aufsätze und meine Briefe und meine Reden. Ich habe mein Werk geschrieben, aber nicht vollendet. Ich habe es aber gelebt. Mein Werk ist mein Leben. Mein Werk lebt in euren Köpfen fort und in denen, die das ausüben, was sie gelernt haben.

Ich habe aber Angst, dass Menschen aus den unvollendeten Schriften ohne Zusammenhang das herausnehmen und predigen, was ihnen nützlich ist und Andere dadurch benutzen und in die Irre leiten, wie so oft in der Geschichte. Verbrennt somit alles von meinem Werk über das Wesen des Glücks. Ich habe versucht, die sieben wesentlichsten Dinge aufzuschreiben, und ich wollte jedem von euch eine Abschrift geben. Das war mir aber nicht vergönnt. So habe ich denn sieben Rollen. Und so nehmt denn jeder ein Gesetz und bleibt zusammen und wendet insgesamt die Sieben an. Dann wird euch und euren Nachkommen Freude und Glück bis ins hohe Alter zuteil werden."

Und so übergab er jedem eine Vase mit einer Rolle darin. Epikur trank seinen Gifttrunk und entschlummerte friedlich, bis zuletzt plaudernd, wobei er sich freute. Denn durch den Tod würde er endlich das letzte große Geheimnis lösen können, das achte Geheimnis, nämlich: Was ist wirklich nach dem Tode?
Er sagte ja immer, fuhr Professor W. fort, dass er an ein Leben nach dem Tode nicht glauben könne, denn woher könnte er sich anmaßen, dies zu wissen? Er

wüsste, dass der Mensch in die Atome zerfalle, aus denen er entstanden ist. Und er könne sich auch vorstellen, dass diese Atome vielleicht wieder zusammenfinden, dass sie wieder neu entstehen. Aber er stelle sich vor, dass dies nicht für jeden so bestimmt sei, sondern nur für die Atome eines Menschen, der bewiesen hat, dass er in diesem Leben freudvoll leben konnte. Freudvoll leben heißt in erster Linie: Freude geben. Denn ohne Freude zu geben, kann man selbst nicht freudvoll leben. Diese Atome der Seele eines freudvollen und gerechten Lebens aber würden wiedergeboren werden in einem anderen Menschen.
Und vielleicht - so endete der Professor - wäre mein Traum, die Erscheinung dieses Zeichens, ein Beweis dafür, dass es eine andere Dimension gäbe, in welcher der Geist weiterlebe.

Ich fragte nach den anderen Vasen. Professor W. erzählte mir, dass er mit seinen Forschungen tatsächlich alle Vasen mit dem Originalwortlaut, wenn auch teilweise nicht voll erhalten, gefunden hätte – alle bis auf eine. Es fehlt die siebte Vase. Aber vielleicht würde ich diese finden, wenn ich n i c h t danach suchte. Es würde geschehen, wenn die Zeit gekommen ist, so der Professor.

Ich blieb noch bis zum nächsten Morgen und wir diskutierten im Kreis seiner Familie über die Philosophie Epikurs und die heutigen Probleme, wobei man mir half, die Regeln des Glücks zu deuten. Dabei sprachen wir auch über die christliche Religion, die neben der Philosophie und Kultur der alten Griechen prägend für die westliche Welt, insbesondere für Europa war und immer noch ist. Die Philosophie Epikurs ist keine Heilslehre, keine Religion, sicher ist aber, dass die großen Religionsstifter wie Buddha, Mohammed und vor allem Jesus Christus die Lehre der Liebe und Freude kannten und verarbeiteten.

Die Synergie aus Glaube, Hoffnung und Liebe zerstörte die auf den Zynismus der Macht aufgebaute negative Synergie des römischen Weltreichs. Die Kraft des Christentums hat seine Wurzeln in der Philosophie der Freude Epikurs. Wenn die christliche Lehre sich wieder darauf besinnen würde, wäre die Welt einen Schritt weiter auf dem Weg zu einer Ethik und Kultur, die den Menschen und seine Freude in den Mittelpunkt stellt.

Kleiner Epilog zu diesem Kapitel

Wie ich auf die 7. Regel Epikurs stieß:

Professor W. behielt Recht mit seiner Andeutung, ich würde den Inhalt der siebten Vase finden, wenn die Zeit dafür gekommen sei. Es kam wie er sagte, doch es kam völlig anders als ich dachte.
Nach 10 Jahren permanenten Erfolges kamen harte Jahre des Misserfolgs und des Zusammenbruchs. Meine Colitis hatte sich inzwischen zum Darmkrebs ausgeweitet. Ich hatte starke Schmerzen, innerhalb von 8 Tagen verlor ich 8 Kilo meines Gewichts. Ich lag auf meinem Bett im Krankenhaus und bereitete mich auf das Ende vor. Ich hatte viel erlebt, viel erreicht und gestaltet, doch ich war 48 und ich dachte an meinen 4-jährigen Sohn Daniel. Ich wollte noch weiter leben! In einem eigenartigen Dämmerzustand hörte ich plötzlich eine Stimme, die sprach:

„Mein Freund, jedes Ende ist ein Anfang, habe keine Angst, jede Krise ist eine Chance, die Chance, alles zu ändern. All das zu verringern, was dich beschwert und alles zu stärken, was gut für dich ist. Das ist die Synergie des Lebendigen.“ Und wieder sah ich vor meinen Augen das Zeichen der Frau auf dem Stier.

So verstand ich also. Ich folgte diesem Rat und überlebte. Und ich erkannte darin die siebte Regel Epikurs.

Freude - ein Synergiesystem

Das Wort Synergie kommt, wie die meisten wichtigen Begriffe, die unser Zeitalter prägen, aus dem Griechischem. So auch das Wort Ökologie. Ökologie und Synergie haben sehr viel miteinander zu tun. Wobei Synergie der Oberbegriff ist. Synergie ist die Lehre vom Zusammenwirken der Kräfte innerhalb einer bestimmten Zeitspanne. Ökologie ist die Lehre von der Beziehung des Menschen zu seiner Umwelt, also zur umgebenden Natur und natürlich auch zu seinen Artgenossen.

Unser menschlicher Körper ist ein Synergiesystem. Chemische, mechanische, psychische, seelische, physikalische Kräfte wirken so zusammen, dass sie insgesamt gesehen mehr ergeben als Wasser, Knochen und chemische Substanzen.
Aber auch eine Familie, ein Staat, eine Firma, ein Kunstwerk ist ein Synergiesystem. Immer wenn viele Faktoren, viele Kräfte gleichzeitig, also innerhalb einer Zeitspanne zusammen wirken, entsteht ein „Mehrwert", der weit über das hinausgeht, was die einzelnen Komponenten bedeuten.
Wenn die überwiegende Mehrheit aller Kräfte positiv zusammenwirken, entstehen positive Synergieeffekte, und dadurch positive Synergiesysteme. Es entsteht ein freudvoller, glücklicher Zustand.

Wenn die überwiegende Mehrheit der Kräfte negativ zusammenwirken, entstehen negative Synergieeffekte, die zerstörerisch wirken können. Beispiel: Herzinfarkt. Wenn jemand Übergewicht hat, aber sonst ein Leben führt, das mit Sinn erfüllt ist, er darüber hinaus nicht raucht und trinkt und unter Bewegungsmangel leidet, kann er ein freudvoller und glücklicher Mensch sein. Viele dicke Menschen sind deshalb erstaunlich oft glückliche Menschen.

Aber wenn nun dieser gleiche dicke Mensch raucht, trinkt oder in einer Beziehung lebt, die ihn nicht glücklich macht, und er berufliche Dinge tut, die er im Grunde verachtet oder die ihn nicht freuen, kann ein Herzinfarkt, ausgelöst durch eine einzige Zigarette zu viel, durch einen Streit, ein Glas Alkohol zu viel, ihn töten. Weil seine Synergiebilanz so labil oder sogar negativ ist, dass ein Tropfen oder eine Winzigkeit genügt, um sein System ins endgültig Negative, also in den Exitus zu katapultieren.

Immer ist es der dritte Faktor, der eine Wende, eine Verstärkung der Kräfte bringt, die in der Summe mehr sind als in der Addition der einzelnen Elemente. Positiv wie negativ.

Beispiele:
Wenn Mann und Frau sich lieben und es kommt ein Kind dazu, als dritter Faktor, kann dieser dritte Faktor das System der Beziehung verändern. Die Qualität des dritten Faktors verändert jedes System enorm. Sei es zum Guten, sei es zum Schlechten. Ist das Kind gesund und liebenswürdig, kann es dieses Beziehungssystem „Mann und Frau" überproportional bereichern. Ist dieses Kind aber krank oder ein Problemkind, kann es das positive System Mann und Frau negativ verändern. Stellen Sie sich eine Beziehung zwischen Mann und Frau vor, die nicht gerade gut ist. So kann ein gesundes, liebreizendes Kind diese Bindung festigen. Ein krankes Problemkind kann diese Beziehung endgültig auseinander bringen. Es kann aber auch diese Beziehung ins Positive gewandelt werden, weil beide Partner plötzlich ihre Aufgabe darin sehen, um dieses Kind zu kämpfen, es zu lieben und es durchs Leben zu bringen. Etwas, was sie vereint. Wo sie doch bis dato so wenig Gemeinsames hatten.

Oder: Sie teilen sich ein Büro mit jemandem und haben sich gut arrangiert. Plötzlich kommt eine neue Person dazu: Der neue (dritte) Faktor in Form dieser Person kann sich toll auswirken auf Betriebsklima und Leistung, aber auch den Arbeitsplatz zur Hölle machen.
Jeder dritte Faktor erzeugt eine chaotische Situation. Und das Leben besteht aus vielen „dritten Faktoren".

Mehrere Faktoren, die zeitgleich zusammenfallen, lassen oft chaotische Situationen entstehen, die Positives als auch Negatives bewirken können.
So kennt man aus der Physik das Phänomen, dass Wasser, das in einem Glas langsam auf 0° C abgekühlt wird, nicht gefriert, wo es doch bei 0° C längst gefrieren müsste. Schlägt man aber nun mit einem Löffel auf den Rand des Glases, so gefriert das Wasser in Zehntelsekunden und das Glas zerspringt.

Ein freudvoller Zustand und damit Glück entstehen, wenn die Summe aller rationalen und irrationalen Faktoren eine positive, robuste Bilanz ergeben.
So verstand ich also.
Und nun verstehen auch sicher Sie den Lehrsatz der ersten Regel:

DIE 1. REGEL

Glück ist der Mehrwert aus der Synergie, also aus dem gleichzeitigen Zusammenwirken eines gesunden Körpers und einer gesunden Seele.

Die Summe des Glückes entsteht aus der Synergie des gesunden Körpers und der gesunden Seele.

Jeder Mensch ist eine Bilanz aus positiven und negativen Faktoren. Die Erstellung Ihrer eigenen Synergiebilanz ist ein hervorragendes Mittel der Selbsterkenntnis und der Steuerung. So erkennen Sie Ihre eigene Persönlichkeit und lernen damit umzugehen, der Zustand Ihrer körperlichen und seelischen Gesundheit wird Ihnen bewusst. Wie freudvoll leben Sie, wie gesund sind Sie wirklich, wo liegen Ihre Chancen und Risiken...

Die positiven und negativen Faktoren teilen sich wiederum in rationale, also berechenbare, mit unserer Vernunft erfassbare, „sachliche“ Faktoren (Informationen in Zahlen oder Maßen und Gewichten) und in irrationale Faktoren, also jene unberechenbaren „unvernünftigen“ Faktoren wie Gefühle, Liebe, Neid, Hass, Leidenschaft, Eifersucht, aber auch Mut, Stolz, Prestige, Machtstreben, Eitelkeit, Image etc.
Aufgrund ihrer Dynamik sind die irrationalen Faktoren in ihrem Einfluss auf unser Leben gewichtiger. Multiplizieren Sie deshalb diese generell mit 2.

Es ist nicht wichtig, dass einzelne Faktoren besonders gut oder schlecht sind, sondern es ist nur wesentlich, dass die Summe aller positiven und negativen Faktoren einen robusten, positiven Saldo ergibt.

Wenn Ihre Bilanz robust, also über 50% positiv ist, werden Sie auch durch das Zusammentreffen von ein paar negativen Faktoren, die über Sie hereinbrechen, nicht ins Unglück gestoßen.
Jede Bilanz einer Persönlichkeit hat gute wie schlechte Faktoren.
Kontrollieren Sie, welche negativen Faktoren auszumerzen oder zu verringern sind und welche positiven stärker hervorgehoben werden sollten. Lernen Sie einfach den spielerischen Umgang mit dem, was Ihre Bilanz ausmacht und nehmen Sie das an, was Sie brauchen und - mit Heiterkeit - auch das, was nicht zu ändern ist.
Um den dritten Faktor und seine chaotische, multiplizierende Wirkung mathematisch deutlich zu machen, wird er mit 15 multipliziert.

Checkliste für die Erstellung Ihrer persönlichen Synergiebilanz

Stellen Sie sich folgende Fragen:

Woraus setzt sich die Bilanz meines Lebens bis zum heutigen Tag zusammen?

Was macht mir Freude, was macht mir keine Freude?

Wie bewerte ich die rationalen und irrationalen Faktoren der einzelnen Bereiche im Hinblick auf mein Leben?

Was ist positiv, was ist negativ an den folgenden Faktoren (jeweils von 1-5 bewerten; 5= sehr bedeutend, 1= nicht bedeutend)

Jeder der folgenden Faktoren wird als rational oder irrational definiert und zwischen 1 bis 5 positiv und negativ bewertet. Zu jedem Bereich sind Mehrfachangaben möglich und erwünscht (z.B. beim Faktor Arbeitgeber: die Unpünktlichkeit des Chefs finde ich nicht in Ordnung; seine ruhige Art im Umgang mit mir ist mir sehr wichtig).

Zu berücksichtigende Faktoren sind:

Alter, Gesundheit
Körpergewicht, Aussehen, Größe
Kleidung, Ansehen, Bildung
Besitz, Kapital
Lebenspartner/in, Freund/in, Geliebte/r, Sexuelle Situation
Arbeit: Vorgesetzte, Untergebene, Kollegen, Kunden, Verdienst
Familie: Kinder, Eltern, Geschwister
Nachbarn, Freundschaften, Bekanntschaften: Schule, Clubs, Vereine, Arbeit usw.
Hobbys, Kunst, Sport, Unterhaltung
Informationen, Medien, Öffentlichkeit
Politik, Parteien
Feinde
Tiere, Pflanzen, Natur
Ernährung, Essgewohnheiten
Alkoholkonsum, Nikotinkonsum
Tabletten, andere Drogen

Muster Synergiebilanz

AKTIVA	PASSIVA
+ Rational	- Rational
+ Irrational	- Irrational
Zwischensumme + Irrational x 2	Zwischensumme - Irrational x 2
Gesamtsumme positiv	Gesamtsumme negativ
Differenz	

Am folgenden Beispiel der Lebenssituation von Frau Meyer wird die Methode der Bilanz-Erstellung konkret.

Synergiebilanz (nach System R. S. Tomek), Kunde: E. Meyer:

AKTIVA		PASSIVA	
= Rational =			
Ich bin 35 und komme mit meinem Alter gut zurecht.	4	Meine Gesundheit ist nicht besonders, ich habe oft Magenschmerzen.	4
Ich bin zufrieden mit meinem Aussehen	4	Mein Körpergewicht ist etwas zu hoch.	2
Meine Größe ist o.k., guter Durchschnitt (5x15).	75	Meine Beine könnten länger sein und ich habe Krampfadern (3xl5).	45
Meine Bildung ist ganz gut und ich habe Lust und Interesse an neuen Dingen.	4	Ich habe nicht viel Besitz und wenig Gespartes.	2
Ich habe Vertrauen zu meinem Partner, ich kenne Ihn gut.	4	Mein Vorgesetzter ist ein kalter, pingeliger Typ.	5
Meine sexuelle Aktivität ist nicht schlecht (2xl5).	30	Leider ist das Haus, in dem wir wohnen, ziemlich hellhörig (3x15).	45
Ich bekomme ganz gut bezahlt und spare Geld, weil die Firma um die Ecke ist.	4	Leider habe ich keinen Raum für mich, das stört mich sehr.	5
Weil die Firma gleich in der Nähe ist, habe ich mehr Zeit für meine Kinder.	4	Die Flut an TV-Programmen irritiert mich und ist schlecht für die Kinder.	5
Ich mache meine Arbeit zur Zufriedenheit der Kunden (3x15).	45	Ich habe meinen früheren Freund aus dem Auge verloren, das ist schade (3x15).	45
Wir haben neben uns einen sehr netten Nachbarn, einen Schriftsteller.	5	Die Abgaben von meinem Gehalt werden immer größer, die Kosten steigen.	4
Unser Hausmeister ist ein Türke und sehr nett und sauber.	4	Ich liebe Tiere, aber wir dürfen in der Wohnung keine halten.	3
Wir können den Garten benutzen, das ist toll für die Kinder (5xl5).	75	Es stört mich, dass meine Kollegin raucht (3xl5).	45
Die Schule meiner Kinder ist ausgezeichnet (Waldorf Schule).	5		

Die Schule ist nicht billig.	3	
Ich gehe einmal pro Woche mit meinem Fahrradverein auf Tour, das macht mir große Freude (5x15).	75	
Ich lese gerne.	4	
Mein Verständnis für Sport ist gestiegen, ich kann mit meinem Mann mitreden.	4	
Es gefällt mir sehr gute Filme per Video anzuschauen, da kann man selektiv auswählen (4x15).	60	
Ich habe keine besonderen Feinde.	3	
Ich beschäftige mich mehr und mehr mit Pflanzen und habe im Garten Kräuter angelegt. Das macht viel Freude.	5	
Ich trinke gerne einen guten Rotwein, aber nicht viel (5xl5).	75	
Ich rauche nicht.	5	
Ich nehme so gut wie keine Tabletten.	3	
Ich ernähre mich bewusst und versuche mehr zu lernen, aber es könnte besser sein (2x15).	30	
Mehr Gesprächsstoff seit ich mir von meinem Mann seine Zeitung erläutern lasse. Find ich gut!	4	
	534	210

= Irrational =

Ich habe gerne witzige Kleider an. Kleide und Mode machen mir Freude.	5
Meine Liebe zu meinem Partner nimmt in letzter Zeit zu, weil er mehr Zeit für mich hat.	4
Meine Arbeitskollegin ist sehr nett (4xl5).	60
Gestern hat mir ein Kunde einen Blumenstrauß gebracht, das war sehr schön.	5
Ein bisschen Flirt mit den Schriftsteller tut mir gut.	4
	78
	x 2 = 156

Mein Partner ist manchmal jähzornig.	3
Ich ärgere mich oft zu sehr über Kleinigkeiten.	3
Wenn ich mich ärgere, esse ich zu viel (2x15).	30
Es ärgert mich, dass mein Partner bedeutend mehr verdient und ich kein Talent zum Sparen habe.	4
Ich habe Angst, meine erotischen Ideen auszudrücken.	5
Meine Arbeit macht mir keine Freude (4x15).	60
Das Betriebsklima ist so lala.	1
Ich habe zu wenig Verständnis für moderne Malerei und Angst Dummes zu sagen.	4
Ich kämpfe mit meinem Mann und den Kindern ständig wegen des vielen TV-Konsums, das ärgert (5x15).	75
Es ärgert mich sehr, dass meine ehemalige Schulfreundin gegen mich intrigiert.	5
Die derzeitige Politik geht mir auf die Nerven. Immer wird versprochen und nichts gehalten.	5
	195
	x 2 = 390

Gesamtsumme der Bewertungen Aktiva	690	Gesamtsumme der Bewertungen Passiva	600
Differenz zugunsten Aktiva: 90 x 2 =	180	Bilanzgewinn	270
		Bilanzgewinn in %	31
Bilanzsumme	870		870

Anmerkungen zur Bilanz von E. Meyer:

Frau E. Meyer hat eine Bilanz Ihrer Lebensumstände von plus 31%. Das ist eine ziemlich labile Situation. Die Bilanz sollte plus 50% aufweisen, damit man nicht aus der Bahn geworfen wird, wenn negative Faktoren hinzukommen.
Aber es wurde ihr durch diese Bilanz bewusst gemacht, welche Positionen sie verbessern und verändern kann und mit welchen sie leben muss. Heute hat sie eine Bilanz von über 60% und ist durch die Anwendung der sieben Regeln, die sie anhand der jährlichen Synergiebilanz immer selbst überprüft und überprüfen lässt, ein gesunder, glücklicher Mensch.

Die von uns entwickelte Software zur Erstellung einer Bilanz wird der Komplexität dieser Methode gerecht und vermag die Faktoren aus den einzelnen Antworten auf den von mir entwickelten umfassenden Fragebogen zu berechnen und eine präzise Bilanz auszudrücken.

Diese Methode hat sich seit über zwei Jahrzehnten erfolgreich als Basis für die individuelle Gesundheitsprävention und Therapie bewährt. Falls Sie Interesse haben, sich eine persönliche Synergiebilanz von uns erstellen zu lassen, finden Sie am Ende des Buches Kontakt-Informationen und eine Bestellkarte zum Bezug des Fragebogens zur professionellen Feststellung Ihrer individuellen Bilanz.

DIE 2. REGEL

Erkenne, was dem Körper Freude macht!

Jeder hat einen anderen Körper, jeder eine andere Seele, aber für jeden Menschen gilt:
Seele und Körper sind ein Synergiesystem, beide sind eng miteinander verbunden. Ein kranker Körper belastet die Seele und eine kranke Seele belastet den Körper. Es daher nötig, Körper und Seele durch bewusste Bewegung, bewusste Ernährung und durch den meist daraus resultierenden guten Schlaf gesund zu halten.

Deshalb lautet die 2. Regel:

ES IST NÖTIG, DASS WIR UNS SO BEWEGEN UND SOLCHE UND NUR SO VIEL NAHRUNG ZU UNS NEHMEN, DASS UNSER KÖRPER U N D UNSERE SEELE SICH ERFREUEN UND DER STROM DES GLÜCKS UNS DURCHFLIEẞT.

Bewegung

Was die Bewegung angeht, so hat mir Professor W. sein Wissen und seine Übungen, die Epikur und auch ihn so alt werden ließen und so jung und gesund hielten, weitergegeben. Mein Medizinstudium und Arbeiten meines Vaters, der Internist war, kamen mir zu Hilfe, um unter Nutzung modernster Quellen der Wissenschaft herauszufinden, warum diese einfachen Übungen eine derartig stimulierende Wirkung haben:

Das Geheimnis ist die Kombination der Übungen, die auf einfache Weise ohne

große Vorbereitung in jeder Kleidung an beinahe jedem Ort vollzogen werden können und eine synergetische Wirkung haben, die sich auf die körpereigenen Endorphine und Hormone auswirkt. Diese strömen durch den Körper, was Epikur und der „Club“ Strom des Glücks nennen.
Es ist uns als Rieseln in schönen, überraschenden Momenten, aber auch in Momenten des Erschreckens bekannt, das im Kopf bzw. an den Schläfen, anfängt und in Bruchteilen von Sekunden durch den Körper strömt.
Diese Übungen lösen einen Strom von Endorphinen aus, die bei längerer Übung sogar langanhaltend den Körper durchlaufen und sofort Schmerzstellen neutralisieren, die Atmung und den ganzen Stoffwechsel beschleunigen, Adrenalin und andere Hormone (auch die Desoxycholsäure) sofort - besser als jede Droge - in unsere Blutbahn bringen und so das körpereigene Immunsystem ankurbeln.
Auch die mit der Übung verbundene kurze Meditation und die bewusste Beschäftigung mit der Freude wirkt sich positiv auf Körper und Seele aus.

Nachstehend sind die einzelnen Phasen der Übung, die nur einige Minuten dauert und möglichst drei Mal täglich absolviert werden sollte, erklärt.
Sie brauchen nur ein wenig Zeit und 5m² Platz.

1.1.
Stellen Sie sich locker, entspannt hin und fixieren Sie den Ort, an dem die Sonne steht (oder stehen müsste). Atmen Sie tief durch und denken Sie an die Sonne als den Strom allen Lebens. Freuen Sie sich an diesem Strom der Wärme und des Lichts. Denken Sie an einen geliebten Menschen, an ein Ereignis, das schön war, schön ist oder sein könnte. Falten Sie dazu die Hände vor der Brust zum Gebet.

1.2.

Heben Sie die Arme hoch über den Kopf, atmen Sie dabei tief ein, strecken Sie sich mit den Armen und dem ganzen Oberkörper etwas nach hinten, legen Sie auch den Kopf zurück. Dann kommen Sie in Normalposition zurück, während Sie mit geschlossenen Augen die Hände vor der Brust zum Gebet falten, tief ausatmen und – die Handflächen zusammendrückend – dabei die Luft aus Ihren Lungen pressen. Verharren Sie so im ausgeatmeten Zustand eine Weile, horchen Sie in Ihren Körper hinein und beschäftigen Sie sich mit ihm, indem Sie Wünsche der Freude gedanklich formulieren (nach einer besseren Magen- oder Darmfunktion, dem Vergehen eines Schmerzes, dem Bewahren der positiven Elemente etc.). Horchen Sie – dies gilt für die gesamte Übung – in sich hinein um herauszufinden, was Ihrem Körper Freude macht und was ihm keine Freude macht.

◀ 1.1

1.2 ▶

2.1.

Dann strecken Sie wieder die Arme nach oben, die Handflächen liegen aneinander, atmen Sie tief ein und mit dem Ausatmen versuchen Sie, mit den ausgestreckten Händen die Fußspitzen zu berühren.

2.2.

Danach richten Sie sich leicht auf und kommen einatmend in den Kniestütz:
Also linkes Knie in die linke Armbeuge, beide Hände fest auf dem Boden und alle Gliedmaßen kurz anspannen, dann ausatmen.

◄ 2.1

2.2 ▼

2.3.

Mit dem Einatmen die Füße aufrichten und strecken, die Hüfte nach oben bringen, so dass der Körper ein großes A bzw. ein Dreieck bildet, den Kopf bzw. das Kinn dabei ausatmend fest zur Brust bringen. Verharren Sie kurze Zeit mit geschlossenen Augen in der Position.

2.4.

Dann kommen Sie einatmend in den Liegestütz, so atmen Sie auch aus, verharren kurz, atmen wieder tief ein und

2.5.

lassen dann den Körper mit dem Ausatmen locker durchhängen (Hände und Füße bleiben unverändert, den Kopf bei geöffnetem Mund in den Nacken legen); bleiben Sie kurz in der Position.

◀ 3.1.

Einatmend kommen Sie in den Kniestütz (nun das rechte Knie in die rechte Armbeuge bringen), in der Position atmen Sie auch aus.

3.2.

Einatmend richten Sie sich halb auf und ausatmend versuchen Sie, mit durchgestreckten Beinen Ihre Fußspitzen zu berühren.

▶

◀ 3.3.

Nun geht es in die Ausgangsstellung zurück, also die Arme mit gefalteten Händen hoch über den Kopf strecken, der Sonne zugewandt und mit geschlossenen Augen einatmen und ausatmend die Hände vor die Brust zum Gebet bringen.

4.1.

Auf der Stelle im Kreise hüpfen. Augen geschlossen halten und in sich horchend „Ich freue mich" (autosuggestiv) im Rhythmus des Hüpfens wiederholen, ganz entspannt tänzeln.
Wenn Sie locker genug sind, eventuell erst nach einigem Üben, werden Sie spüren, wie der Strom der Freude, die Endorphine an den Schläfen oder im Nacken zu rieseln beginnen und ein herrliches Wohlgefühl vermitteln.

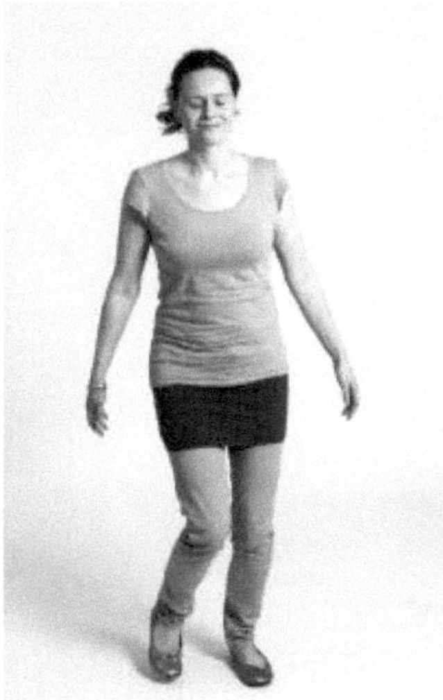

4.2.

Jetzt öffnen Sie die Augen und fixieren Sie einen Punkt im Raum (Sonne, Licht etc.), breiten Sie die Arme aus und drehen Sie sich immer schneller im Kreise, bis das Rieseln, der Glücksstrom der Endorphine, sich über den ganzen Körper ausbreitet. Wiederholen Sie eventuell laut oder leise das Wort „Freude" oder „Ich freue mich". Die Fixierung auf einen Punkt ermöglicht eine schnellere Drehung ohne großen Schwindel. Drehen Sie sich nur solange, wie Sie sich dabei wohl fühlen.

4.3.

Stehen Sie eine Weile entspannt. Sie können auch knien und die Hände bei zurückgelegtem Kopf fest in die Hüften stützen. Horchen Sie tief atmend in den Körper hinein. Denken Sie zum Abschluss an etwas an diesem Tag, was Ihnen Freude bereitet hat oder worauf Sie sich freuen.

Zusätzliche Empfehlungen:

5.1.

Wenn Ihr Atem sich beruhigt hat, krönen Sie die Übung mit einem Kopfstand. Legen Sie dazu ein Kissen unter den Kopf und stützen Sie sich an einer Wand, das geht einfacher. Die Augen geschlossen und in sich horchend eine bis drei Minuten stehen.

5.2.

Für Fortgeschrittene und Sportler:

Nach einiger Zeit werden Sie sich so fit und wohl fühlen, dass Sie die Übung statt mit einem Kopfstand mit einem Handstand krönen können. Das ist noch besser, da der Kopf frei baumeln kann.

Ernährung

Über die Kunst des Essens:

Was meint Epikur, wenn er sagt, man soll so essen, dass Körper und Seele sich erfreuen?

Wenn man bedenkt, dass Epikurs Vater Lehrer und Bauer war, und Epikur in Harmonie mit Familie und Natur mit drei Brüdern aufwuchs, kann man sich vorstellen, wie bewusst Epikur die Natürlichkeit des Lebens und die Gesetze der Natur lernte – intellektuell und praktisch – und zu einer Kunst des Lebens verfeinerte.
Er war der Meinung, man sollte lieber nichts essen, als schlechte oder lieblos präsentierte Nahrung und das Essen sollte schmackhaft und natürlich sein, ohne künstliche Zusatzstoffe (wie z.B. Konservierungsstoffe, synthetische Farbstoffe und Geschmacksverstärker). Und auch Augen und Nase müssen sich daran erfreuen können. Lieber erstklassige, liebevoll mit Butter und Salz zubereitete Kartoffeln in der Schale oder einen frischen Salat in einer schönen Holzschüssel als ein schlechtes Stück Fleisch auf einem goldenen Teller. Lieber ein einfaches, aber gutes, liebevoll angerichtetes Mahl mit Freunden, als ein extravagantes Essen mit Menschen, die man nicht mag oder die einem nur die Zeit stehlen.

Bei der Auswahl der Nahrung sollte man sich stets fragen, ob Körper und Seele daran wirklich – auch nachhaltig – Freude haben. Man sollte nicht der spontanen Kurzfristigkeit der Lust nachgeben, sondern der Freude als Synergie von Herz und Verstand dienen.
Was nützt es, wenn ich plötzlich Lust auf eine fette Schweinshaxe habe, ich mich aber nachher unter Magen- und Gallenschmerzen winde?
Was nützt es, wenn ich von einer Speise, auf die ich Lust habe, zu viel esse, so dass

ich sie nicht mehr ansehen und riechen kann?
Verlieren Sie sich außerdem nicht in Details, wenn Ihnen insgesamt das Ambiente Freude macht.

Und: Wenn der Gipfel der Freude erreicht ist, soll man den Abstieg ins Tal beginnen. Was das Essen betrifft, bedeutet dies:
Wenn es am besten schmeckt, ist es Zeit, das Mahl zu beenden.

DIE 3. REGEL

Die Ökologie der Freude – Freude als Umweltziel

Die Ökologie ist die Lehre von der Beziehung des Menschen zu seiner Umwelt. „Oikos" kommt aus dem Griechischen und bedeutet „Lebensraum". Moderner ausgedrückt eben Umwelt, wobei ich Lebensraum eigentlich treffender finde.
Ökologie ist nicht nur die Lehre von der Beziehung zur Natur und zu natürlichem Essen, wie die meisten noch immer meinen, sondern beinhaltet auch die Beziehung zu seiner Wohnung, zu seiner Kleidung, zu seiner Arbeit, zu seinen Mitmenschen und zu sich selbst im weitesten Sinne.

Die 3. Regel lautet daher:

HANDLE IMMER SO, DASS DIE SUMME DEINES HANDELNS DEN LEBEWESEN DEINES LEBENSRAUMES (DER NATUR) UND DIR UND DEINEN MITMENSCHEN FREUDE BEREITET.

Erläuterung:

Was nützt es, wenn Sie ein biologisch wertvolles Essen aus natürlichem Anbau zubereiten, es aber so präsentieren, dass einen der Ekel packt?
Was nützt es, wenn Sie Ihren Mitmenschen mit rüden Worten beschimpfend dazu treiben, dass er seinen Müll entsorgt oder - besser - vermeidet?
Ihr Mitmensch ist Teil Ihres Lebensraumes und was Sie an Entlastung für die Natur gewonnen haben, haben Sie an Achtung - und damit an Freude - verloren.
Dieser Öko-Fundamentalismus ist sehr schädlich, denn er erzeugt Aggressionen, anstatt Lernprozesse auszulösen.

Was nützt es, wenn Sie einen Naturkostladen ehrlich und mit Anstand führen, aber nicht dafür werben, ihn keiner findet oder ein solches Chaos im Laden waltet (Socken neben Käse etc.), dass keine Freude aufkommt, dort zu kaufen?
Was nützt es, wenn ein Vollwertbäcker oder ein Restaurant hundertprozentig ehrlich bäckt und kocht, aber Bäcker, Koch oder Personal unfreundlich sind?

Wenn man darüber nachdenkt, was der Natur Freude macht, wird man die klare Erkenntnis gewinnen, dass es nicht das Ziel sein kann, Müll zu sortieren und zu entsorgen, sondern Müll zu vermeiden.
Dies kann ich tun durch Bescheidenheit in meinen Ansprüchen, durch die Überlegung, was wirklich für meinen Konsum, für meine Freude wesentlich ist und indem ich die herrliche Gabe des menschlichen Gehirns, Ideen zu entwickeln, nutze.
Beispiel: Anstatt darüber zu lamentieren, dass Unmengen an Plastikverpackungen von Joghurt und Pudding nicht richtig entsorgt werden, sollte man lernen, Joghurt und Pudding selbst zu machen. Es ist ganz einfach, schmeckt gut und macht Spaß.
Oder man verwendet die schönen Gläser mancher Hersteller, die man für viele andere Dinge auch nutzen kann.

Wenn die Politiker sich an diese Regel halten und darüber nachdenken würden, was man tun muss, damit Natur und Mensch mehr Freude an unserem Lebensraum haben, kommt man fast automatisch auf die Idee, dass es mehr bringt, ein paar Fernsehspots zu senden und Anzeigen zu schalten, die erklären, wie man Müll vermeidet, als grüne Punkte etc. auf Verpackungen zu drucken.

DIE 4. REGEL

Die Ökonomie der Freude – Freude als strategisches Ziel

Diese Regel ist gerade in unserer angeblich ökonomisch orientierten Gesellschaft vielleicht die wichtigste. Denn das Gegenteil dieser nachfolgenden Weisheit Epikurs treibt gerade in der Wirtschaft, deren materielle Ziele eine Art Philosophie- und Sinn-Ersatz wurden, die schrecklichsten Auswüchse und führt ins Verderben. Noch nie zuvor wurden durch den Zusammenbruch oder durch riesige Verluste großer Firmen und Konzerne Menschen ihrer Sicherheit und ihres Lebenssinns beraubt. Nie zuvor starben junge Manager so zahlreich an Herzinfarkt oder Krebs. Dies alles, weil die folgende Regel nicht beachtet wird.

Die 4. Regel lautet:

STELLE FEST, WAS DEINE FREUDE KOSTET UND ARBEITE (VERDIENE) NICHT VIEL MEHR, ALS DU FÜR DEINE FREUDE BRAUCHST.

Erläuterung:

Wenn man sorgfältig überlegt, was einem eigentlich wirklich Freude bereitet, dann kommt man zu dem Ergebnis, dass es das ist, was den ureigensten Fähigkeiten, dem Wissen, den Talenten und seinen Kräften (Ressourcen) entspricht.
Der Aufwand für etwas, was wirklich Freude macht, ist sinnvoll, weil Freude ein mächtiger, positiver Synergieeffekt ist (auch wenn es der Erwerb eines Porsches sein sollte).

Warum machen viele Menschen oder Firmen pausenlos Dinge, die ihnen gar nicht

liegen und schaffen damit Defizite in den Bereichen Geld und Arbeitskapital? – Weil ihnen vorgegaukelt wurde, dass das Materielle, das maximal Erreichbare automatisch Erfüllung, Sinn und damit Glück bedeutet.
Wenn man den Traum hat, einmal einen Porsche zu besitzen... Warum nicht? Wenn man damit drei Stunden im Stau mit einer Durchschnittsgeschwindigkeit von 50 km/h gefahren ist, wird man sich zumindest keinen zweiten anschaffen und überlegen, was man Sinnvolleres mit dem Geld für seine Lebensfreude hätte anstellen können.
Wenn man sich den Traum erfüllt hat, die Fürstensuite eines Hotels für 500 Euro pro Nacht zu buchen und dann die Erfahrung machen musste, auch nicht besser darin geschlafen zu haben als anderswo, man aber nachgerechnet hat, dass für die Mehrkosten auch mehr gearbeitet werden muss, wird man es nicht so oft wieder tun.

Warum gibt es in der Natur keinen Müll? Wieso ist das System der Natur so phantastisch organisiert, dass es keinen Abfall gibt und alles verwertet wird? –
Weil das System „Natur“ und seine Kreislaufwirtschaft nicht mehr produziert, als es braucht.
Die „Entzauberung der Moderne, das ungute Gefühl, ja die Angst, dass das *Projekt Moderne* scheitern könnte“ (Prof. Dahrendorf), kommt aus der ernüchternden Erkenntnis, dass die maximale Ausnutzung aller technischen und organisatorischen Möglichkeiten als Wertziel der modernen Leistungsgesellschaft den Menschen weder besser macht noch ihm mehr Lebensfreude und Gesundheit verschafft hat. Wozu also?
Es ist im Sinne der Ökonomie, also der Lehre, wie man mit möglichst geringem Aufwand den besten Nutzen erhält (im Sinne von „Mehrwert“), viel besser, wenn

als maximaler Nutzen die Freude (als Synergie aller rationalen und irrationalen Fakten) definiert wird. Das hat für jeden andere Ziele und Planungen zur Folge. Die Individualität und die subjektive Frage nach dem Wesentlichen ist das Thema. Wenn sich jeder Mensch, aber auch jede Firma bzw. deren Manager die Frage stellen würde: „Was freut uns eigentlich zu tun, welches Ziel freut uns wirklich?“ und „Was kostet meine/unsere Freude?“, dann entsteht ein neues Paradigma, ein neues Wertziel und damit eine neue Kultur, die ökonomischer und gesünder ist.
Nur durch diese Herangehensweise nähern wir uns dem Ziel ÖKOLOGISCH = ÖKONOMISCH.

Unser Lebensraum wird lebenswert und finanzierbar, wenn wir von den Wertschöpfungsprozessen der Natur lernen. Die Betriebswirtschaftler mögen sich an der Wertschöpfung einer Sonnenblume ein Beispiel nehmen.

Die Freude ist wie ein großer Berg und jeder kann an einer anderen Stelle die Wanderung beginnen. Jeder kann seinen eigenen Weg wählen, sein eigenes Tempo. Der eine geht langsam voran, der andere schneller. Auf dem Gipfel der Freude werden sich alle treffen. FREUDE IST DER WEG UND DAS ZIEL.

DIE 5. REGEL

Wie man Glück in all seinen Beziehungen findet – Freundschaft, Partnerschaft, Sexualität

Epikur sagte in einem seiner Briefe:
„Die Fähigkeit, Freundschaft und Liebe zu gewinnen, ist unter allem, was Weisheit zur Glückseligkeit beitragen kann, bei Weitem das Bedeutendste."

Bei der fünften Regel wird deutlich, was Epikur meinte, als er auf dem Sterbebett sagte, dass nur der, der alle 7 Regeln des Glücks anwendet, auch wirklich glücklich wird. Denn die nachfolgende fünfte Regel implementiert die erste und auch Teile der dritten und vierten.
Es zeigt seine große Weisheit, dass er der Fähigkeit, Freundschaft - also Liebe - zu gewinnen in seinem philosophischen Gebäude den wichtigsten Stellenwert einräumt.

Deshalb ein kurzer Ausflug zum besseren Verständnis:
Liebe wird fälschlicherweise als eine angenehme Empfindung gesehen, die man rein zufällig erfährt, wenn man Glück hat. Erwecktes Begehren ist noch nicht dasselbe wie Verliebtheit; und auch diese bleibt viel zu oft unerwidert („unglücklich"). Die meisten Menschen sehen daher das Problem der Liebe in erster Linie als das Problem, selbst geliebt zu werden statt lieben zu können, und es geht für sie nur darum, wie sie es erreichen können, geliebt zu werden. Die zweite Fehlmeinung ist die, dass Liebe als Objekt oder Phänomen verstanden wird und nicht als Fähigkeit, die erlernbar ist. Viele Menschen meinen, zu lieben sei ganz einfach, schwierig sei nur, den richtigen Partner zu finden, von dem man geliebt wird.

Der dritte Irrtum besteht in der Verwechslung des Anfangsereignisses „sich verlieben“ und dem permanenten Zustand „lieben“. Zwei Menschen, die einander fremd waren, lassen plötzlich die trennende Wand zwischen sich zusammenbrechen und erleben einen Augenblick des Einsseins; doch die neue Vertrautheit verliert immer mehr den geheimnisvollen Charakter. Die heftige Verliebtheit wird oft als Intensität der Liebe gewertet, während sie oft nur Beweis dafür ist, wie einsam die Menschen vorher waren.
Kaum eine Aktivität im Leben eines Menschen wird mit so vielen Hoffnungen begonnen und schlägt so regelmäßig fehl - und doch sind wir noch weit davon entfernt, die Liebe als erlernbare Kunst zu verstehen.

Der erste Schritt dazu liegt im Anerkennen der Liebe als Aktivität, nicht als passiver Effekt. Sie ist etwas, das man in sich selbst entwickelt, nicht etwas, dem man verfällt. Ganz allgemein kann man den aktiven Charakter der Liebe in erster Linie als Geben beschreiben und nicht als Empfangen. Geben bereitet mehr Freude als Empfangen; nicht deshalb, weil es ein Opfer ist, sondern weil im Akt des Schenkens die eigene Lebendigkeit zum Ausdruck kommt.

Das elementarste Beispiel findet sich im Bereich der Sexualität. Der Höhepunkt der männlichen Sexualfunktion liegt im Akt des Gebens durch Penetration und Befruchtung. Der Mann kann nicht anders, wenn er potent ist; wenn er nicht geben kann, ist er impotent. Bei der Frau handelt es sich um den gleichen Prozess, aber er läuft etwas komplexer ab. Bei ihr gibt es einen weiteren Akt des Gebens, nicht als Geliebte, sondern als Mutter bzw. „Quasi-Mutter“ – wissenschaftlich mit dem etwas brutalen Begriff „Brutpflegetrieb“ bezeichnet. Der ist zwar beim Mann ebenfalls vorhanden, aber nur rudimentär.

Auch im materiellen Bereich ist das Geben eigentlich das Wesentliche. Der Hortende, der ständig Angst hat, etwas zu verlieren, ist psychologisch gesehen ein armer Habenichts, ganz gleich, wie viel er besitzt.
Der wichtigste Bereich des Gebens liegt jedoch nicht im Materiellen, sondern im zwischenmenschlichen Bereich. Ein Mensch gibt dem anderen etwas, das in ihm lebendig ist – er gibt ihm von seiner Freude, von seinem Interesse, von seinem Humor, von der Traurigkeit – und steigert damit beim anderen das Gefühl des Lebendigseins. Indem er gibt, kann er nicht umhin, im anderen etwas zum Leben zu erwecken, und dieses zum Leben Erweckte strahlt auf ihn zurück; wenn jemand wahrhaftig gibt, wird er ganz von selbst zurück empfangen.

Für die Liebe im Besonderen bedeutet dies: Die Liebe ist eine Macht, die Liebe erzeugt. Und dies trifft nicht nur auf die Beziehung zwischen Mann und Frau zu, sondern allgemein auf alle Beziehungen, seien diese geschäftlich, zu unserer unmittelbaren Umwelt oder zu Fremden.

Deshalb lautet die 5. Regel:

STELLE DIR IN DEINER BEZIEHUNG ZU EINEM ANDERN MENSCHEN IMMER WIEDER DIE FRAGE, WAS DIESEM FREUDE MACHT, AUCH UND GERADE DANN, WENN DU NUR DEINE EIGENE FREUDE ODER EIGENES LEID IM KOPF HAST. ÜBERWINDE DIESE EINE SEKUNDE UND DU SELBST WIRST DIE MEISTE FREUDE UND FREUNDSCHAFT ERHALTEN.

Immer wieder habe ich dies ausprobiert, der ich selbst noch ein Lernender bin: Man erhält in einer Beziehung eine Ablehnung, man spürt eine Wand und weiß nicht warum. Oder es gab einen Streit und man ist selbst müde, gekränkt oder

traurig. Oder man ist bei einer Behörde und möchte vor Wut schreien und um sich schlagen, weil etwas nicht funktioniert, obwohl man alles dafür getan hat, etc. Wenn man aber nun diese eine Sekunde des „inneren Schweinehundes" (vielleicht sogar mit der Faust in der Tasche) überwindet und sich laut oder nur innerlich fragt, welche Freude man dem anderen bereiten könnte, um diese Sperre zu überwinden, erlebt man wahre Wunder!
In dem Maße, wie die Freude des anderen zusammenpasst mit unserer eigenen Freude und der Synergiebilanz der eigenen Person, ergibt sich der Stellenwert der Beziehung für uns selbst.

Das ist gerade im sexuellen Bereich wichtig. Hier einige Leitlinien zur Freude am Sex:

Die Hauptaussage Epikurs, dass das Ziel unseres Daseins Lebensfreude ist, zu der Gesundheit gehört und die wiederum Gesundheit schafft, trifft selbstverständlich auch auf den sexuellen Bereich zu.
Sich selbst anzunehmen und auch eine Krise anzunehmen ist eine der wichtigsten Leitlinien. Auch für das sexuelle Verhalten.

Das Freud´sche Schlüsselerlebnis: Jeder Mensch hat eine andere erotische Phantasie. Viele erfahren diese im Unterbewusstsein. Lernen wir sie doch kennen und freuen wir uns daran! Für den einen mögen es die Spitzen eines Unterrockes sein, die Hände, eine bestimmte Stimme, ein typisches Aussehen und Verhalten, eine Art zu gehen oder zu blicken, Strapse, Strümpfe, Leder, bestimmte Stellungen, bestimmte Fotos, Farben, Gerüche, Düfte u.v.m. Wenn wir wissen, was wir gern haben, sollten wir es annehmen und uns daran freuen, was auch immer es sei. Es gibt kein „abnormal", wenn es für uns normal ist, dass es Freude bereitet, Phanta-

sie auslöst, erotische Sensationen vermittelt.
Das bedeutet um Gottes Willen nicht den wahllosen Konsum von Sex, im Gegenteil, es bedeutet eine qualitative Auslese jener Dinge, von denen wir wissen, dass sie uns gut tun und erfreuen, aber nicht gefährden.

Ein gewisser Schuss Egoismus kann im sexuellen Bereich nur von Nutzen sein. Denn: Wenn Sie sich froh und glücklich fühlen, können Sie diese Kraft, die von Ihnen ausströmt, auch dem Partner vermitteln. Natürlich kann und sollte jeder sich hingebungsvoll um des Partners Freude bemühen, aber wohl wissend, dass man dessen Egoismus jetzt Vorrang lässt. Jedenfalls halte ich es für völlig verkehrt, wenn der Mann oder die Frau besessen ist von dem Gedanken, dem Partner Lust zu verschaffen und damit in eine Art Leistungsdruck verfällt, dadurch die eigene Lust vergisst bzw. sie unterdrückt (es sei denn, diese Hingebungskunst für den Orgasmus des Partners ist für Sie ein erotisches Schlüsselerlebnis).

Die gegenseitige Orgasmusjagd, die nicht die Freude, sondern den Orgasmus als Trophäe, gewissermaßen als „Sozialprestige“ zum Ziel hat, ist lächerlich und ungesund.
Man sollte sich darüber im klaren sein, dass es seltene Sternstunden sind, wenn zwei Partner gleichzeitig zum Höhepunkt kommen. Leider sind durch viele Bücher, Pornofilme etc. die Menschen heute arg auf dieses Leistungsbild eingetrimmt. Es wäre viel besser, wenn sich jeder vorrangig um seinen eigenen Orgasmus – natürlich mit Hilfe des Partners und unter Einbeziehung von diesem – kümmerte, wobei der Weg dorthin oft mehr Freude bereitet als der Orgasmus selbst, jedenfalls aber gleich viel.

An dieser Stelle möchte ich einen speziellen physiologischen Unterschied zwischen Mann und Frau betonen, der viel zu oft in unserer Gesellschaft verwischt oder nicht gesehen wird: Der Mann kann im Gegensatz zur Frau nur dann einen Orgasmus bekommen, wenn er eine Erektion hat. Der aufwendige Vorgang der Erektion des Mannes ist nur möglich bei einem bestimmten Ausmaß von Reizen. Mit zunehmendem Alter braucht es dazu mehr Reize und auch andere, also Abwechslung. Der Abwechslungsbedarf ist beim Mann einfach deshalb größer, damit diese Erektion stattfinden kann, die ja ein beachtlicher biologischer und physiologischer Vorgang ist (und bei der Frau nicht stattfinden muss). Ferner ist es eine ebenso banale wie verdrängte Tatsache, dass der Mann seinen Orgasmus – der in ihm das männliche Lebensgefühl freudvoll wachsen lässt – als Erfüllung seines Urtriebes nur durch eine Penetration erreicht. Und nur, wenn er sich da austoben kann, gewinnt er jene Lebensfreude, jenes Lebensgefühl, das er braucht. Ein weiterer wichtiger Unterschied besteht auch darin, dass der Mann nicht unbegrenzt orgasmusfähig ist, die Frau aber bis ins hohe Alter, bis zu ihrem Tode physiologisch zu Orgasmen fähig ist.

Leider ist es in unserer (feministischen) Gesellschaft schon so weit, dass viele Männer ihrem ganz normalen Urtrieb nicht mehr folgen, aus Schuldgefühlen oder Angst, die Dame ihres Herzens zu verschrecken, zu früh zu „kommen“, oder als „Male chauvinist-pigs“ abgekanzelt zu werden, wenn sie zu sehr nach Herzenslust an ihrer Erfüllung arbeiten. Was nützt es aber der Frau, wenn der Mann nicht jene Freude empfindet und genießt, die ihn Mensch sein lässt und die sich auch auf seine Partnerin überträgt.

Umgekehrt müssten so viele Frauen, die genau wissen, dass sie ihren Orgasmus in den meisten Fällen auf ganz andere Weise bekommen, ihren Partner am besten um

das bitten, was sie brauchen, oder es selbst tun. (Kommt eine Frau erst allmählich durch ihren Partner darauf, was sie freut – um so besser.) Mann und Frau brauchen Abwechslung in einem Klima der Freude und des Vertrauens.
Der Mann braucht vermehrt Abwechslung, um funktionieren zu können, und er muss seinem Urtrieb folgen können. Das gleiche gilt im Prinzip auch für die Frau, nur dass bei ihr die Prioritäten anders gesetzt sind und die Mechanismen physiologisch und psychologisch anders ablaufen.

Lasst uns das Anderssein der Geschlechter wieder genießen! Hier war Epikur mit seiner Großfamilie der „Philosophen vom Garten“ und dem unverkrampften Umgang des kultivierten Spieles der Geschlechter mit Ihrer differenzierten Erotik unglaublich fortschrittlich.
Liebe ist vor allem und zuerst Freude am Dasein und Sosein eines Menschen, also auch an seinem Anderssein. Dieses Anderssein und die erwähnte physiologische und psychologische Abwechslung muss nicht unbedingt Partnerschaften und Ehen zerstören, wie es laufend der Fall ist. Wer nämlich akzeptiert, dass diese biologische Notwendigkeit besteht, ja dafür da ist, um für den Partner jene Impulse auszulösen, die Lust und Freude erzeugen, der beginnt den Pfad der wahren Liebe zu betreten. Die Kunst des Liebens als Lebenskunst besteht darin, Freude zu empfinden, zu geben und die Freude des Partners zu lieben.
Denn die Liebe ist nicht das Ergebnis einer sexuellen Befriedigung, sondern das sexuelle Glück ist das Resultat der Liebe.

Wenn man die am häufigsten auftretenden Sexualprobleme untersucht - die Frigidität der Frau und die Impotenz des Mannes, so erkennt man, dass die Ursache dafür nicht in der mangelnden Kenntnis der richtigen Technik, sondern in den

Hemmungen zu suchen ist, die es unmöglich machen, zu lieben. Angst oder Hass gegenüber dem anderen Geschlecht liegen diesen Schwierigkeiten zugrunde, die einen Menschen hindern, sich ganz hinzugeben und aus dem Vertrauen auf den Partner heraus beim unmittelbaren körperlichen Kontakt spontan zu reagieren. Wenn ein sexuell gehemmter Mensch es fertigbringt, sich von seiner Angst oder seinem Hass freizumachen und auf diese Weise fähig wird zu lieben, dann sind seine sexuellen Probleme gelöst. Gelingt es ihm nicht, dann werden ihm auch noch so umfassende Kenntnisse über Sexualtechniken nicht helfen.

Der Inhalt ist zwar nicht alles, aber jedenfalls wichtiger als die Verpackung; die Verpackung verstanden als biologischen Impuls – zur Einstimmung, um den Inhalt noch freudvoller zu genießen – ist epikuräische Lebenskunst. In dem Sinne ist zum Beispiel Dr. Erich Fromm, der große amerikanische Therapeut ein echter Epikuräer. Der geniale Schweizer C. G. Jung – neben dem Österreicher Sigmund Freud der zweite große Begründer der modernen Psychologie und Psychoanalyse – schrieb bereits 1945, dass der Konflikt zwischen Ethos und Sexualität nicht bloß eine direkte Kollision von Triebhaftigkeit und Moral ist, sondern ein Kampf um die Daseinsberechtigung eines Triebes oder um die Anerkennung einer in diesem Triebe sich ausdrückenden Macht, die nicht mit sich spaßen lässt.

Eine Tatsache, die sich auch unseren Sittengesetzen nicht fügen kann und will. Die Sexualität ist eben nicht bloß eine Triebhaftigkeit, sondern unzweifelhaft eine schöpferische Macht, die nicht nur Grundursache unseres individuellen psychischen Lebens, sondern auch ein sehr ernst zu nehmender Faktor in unserem psychischen Leben ist. Noch immer ist das Wissen darüber, welche bedenklichen Folgen Störungen der Sexualität nach sich ziehen können, nicht Bestandteil der

Allgemeinbildung. Das Versteckspielen, der Stress, das Adaptationssyndrom, das da entsteht, wo versucht wird, zwischen den anerzogenen – auch durch die Kirche stark beeinflussten – Sittengesetzen und den ureigenen physischen und psychischen Notwendigkeiten zu einer wahrhaftigen Form zu finden, ist Teil der Probleme unserer Zeit.

Eine neue Moral der Wahrhaftigkeit muss diesem Versteckspiel ein Ende machen. Es ist Zeit für eine neue Form der Wertschöpfung, die den Sinn des Lebens als Freude im praktischen Zusammenleben berücksichtigt. Neue Formen des Zusammenlebens, die ökologisch und ökonomisch sind, mit der Freude in Epikurs Sinne als Ordnung und Lebensziel und damit neue Gesetze, ja selbst neue Formen der Architektur, des Designs, das wären die alles und jeden befruchtenden Folgen.

DIE 6. REGEL

Das Geheimnis von Nutzen und Ordnung

Zu diesem Thema hat Epikur 350 Jahre vor Christus so Bahnbrechendes gelehrt, dass sich Philosophen der Moderne wie E. Kant, die hoch gefeiert werden, wie düstere Epigonen ausnehmen. Sie waren zwar hoch intelligent, sind aber meines Erachtens an vielem Wesentlichen vorbeigegangen.

Ich zitiere Epikur:

„Gerechtigkeit an sich hat es nie gegeben. Alles Recht beruhte vielmehr stets nur auf einer Übereinkunft zwischen Menschen, die sich in jeweils verschieden großen Räumen zusammenschlossen und sich dahin einigten, dass keiner dem anderen Schaden zufügen oder von ihm erleiden soll."

„Grundsätzlich ist das Recht für alle gleich, denn es bedeutet stets in der auf Gegenseitigkeit beruhenden Gemeinschaft etwas Nutzbringendes. Aber wegen der Besonderheiten eines Landes und aus anderen durch die Verhältnisse bedingten Gründen kann es nicht überall für alle gleich sein."

„Man kann nicht in Freude leben, ohne vernünftig, edel und gerecht zu leben, aber auch umgekehrt kein vernünftiges, edles und gerechtes Leben führen, ohne in Freude zu leben. Man kann dies also nicht, wenn jene Voraussetzungen fehlen."

„Das Dasein der Weisen wird nur in nebensächlichen Dingen vom Zufall gestört, denn die wichtigen, wirklich bedeutenden Dinge hat seine Überlegung im Voraus geregelt, sie hält sie auch im Laufe der Zeit in Ordnung und wird sie immer in Ordnung halten."

„Niemand kann sich darauf verlassen, dass er unentdeckt bleiben wird, wenn er gegen die Abmachung, einander nicht zu schädigen, heimlich verstoßen hat, auch wenn er bis dahin tausendmal unentdeckt bleibt. Denn er lebt bis zu seinem Tode in der Ungewissheit, ob er nicht doch noch entdeckt wird."

„Wenn du deine Handlungen nicht jederzeit nach dem von der Natur gesteckten Ziel ausrichtest, sondern ihnen, mag es sich um Meiden oder Streben handeln, vorher irgendeine andere Richtung gibst, dann werden die Taten nicht mit einem vernünftigen Denken übereinstimmen."

Die 6. Regel lautet daher:

ORDNUNG ENTSTEHT DURCH DEN NUTZEN, DEN A L L E AN EINEM SYSTEM BETEILIGTEN HABEN.
DURCH DEN NUTZEN FÜR ALLE ENTSTEHT FREUDE FÜR ALLE!

Das Geheimnis liegt im Wörtchen „alle". Denn durch den Nutzen für alle – mag er für den einen größer, für den anderen kleiner sein – entsteht Freude für alle und damit im ethischen, und auch letztlich im juristischen Sinn Legimtimität. Ein gesellschaftlicher Konsens.
Jede Art von Gesetz und Ordnung, die nicht für alle, die es betrifft, sinnvoll, gerecht und damit nützlich ist, scheitert letztlich. So sind alle Diktaturen nach endlosen, sinnlosen Gewaltanwendungen zur Durchsetzung einer Ordnung (Berliner Mauer, chinesische Mauer, Konzentrationslager etc.) gescheitert, weil dies wider die Natur ist.
Bis zum heutigen Tage. Gefängnisse, ein Rudiment aus der Zeit des Mittelalters, sind kostspielige Zeitbomben. Sie sind so primitiv und freudefrei, dass manche Insassen das eigene Leben riskieren bei Ausbrüchen, Geiseln nehmen, sprengen und morden, nur um der Repression zu entfliehen.

Man kann keine Ordnung durchsetzen, die nicht von jenen mitgetragen wird, die die Ordnungsmaßnahmen (Gesetze etc.) betreffen, und nicht von allen als sinnvoll anerkannt wird. Strafe für Fehlverhalten muss sein, aber sie muss sinnvoll sein, so dass die Bestraften ihre Legitimität akzeptieren können. Ordnung ohne Nutzen kreiert Gewalt und Chaos.
Dies betrifft den Staat ebenso wie eine Firma oder eine Familie und den Umgang mit der Natur wie auch mit sich selbst.

DIE 7. REGEL
Die Krise als Chance begreifen

Jede Philosophie, jede Regel ist so gut wie sie auf die Fähigkeit, eine Krise zu überwinden, zielt. Jeder Mensch ist nur so gut wie seine Fähigkeit, eine Krise zu überwinden. Und die Qualität jeder Beziehung zwischen Menschen wird gemessen an der Fähigkeit dieser Menschen, eine Krise zu überwinden.
Ganz gleich, ob es sich dabei um einen Streit handelt, um materielle Probleme, einen Konkurs, eine schwere Krankheit oder den Tod. In dem Maße, wie Krisen als selbstverständlicher Teil des Lebens gelassen betrachtet werden, zeigen sich immer hervorragende Chancen der Erneuerung und Umgestaltung.

Es gilt daher die 7. Regel:

IN DEM MAẞE, IN DEM DU ERKENNST, DASS JEDE KRISE EINE CHANCE IST UND DU DEINE KRAFT, DEINEN VERSTAND NICHT DAMIT VERGEUDEST ZURÜCKZUHOLEN, WAS NICHT MEHR ZU RETTEN IST, SONDERN FÜR DEIN ZUKÜNFTIGES GLÜCK EINSETZT, WIRST DU DIE KRISE ÜBERWINDEN. SIE WIRD DEIN FREUND WERDEN, SELBST DER TOD.

Sagen Sie: „Komm Krise, alter Freund, Teil des Lebens, setz Dich hier neben mich und lass uns reden."

Angst ist der Feind der Freude, der größte Antipode.

Epikur-Zitate

Der Tod ist für uns ein Nichts, denn was der Auflösung verfiel, besitzt keine Empfindung mehr. Was aber keine Empfindung mehr hat, das kümmert uns nicht.
Das Höchstmaß der Freude ist erreicht, wenn alle Schmerzen beseitigt sind. Denn wo die Freude eingezogen ist, da gibt es, solange sie herrscht, weder Schmerzen noch Qualen oder gar beides.

Man kann nicht in Freude leben, ohne vernünftig, edel und gerecht zu leben, aber auch umgekehrt kein vernünftiges, edles und gerechtes Leben führen, ohne in Freude zu leben. Man kann dies also nicht, wenn jene Voraussetzungen fehlen.

Wenn die Furcht vor den Naturerscheinungen, die Besorgnis, der Tod habe für uns vielleicht doch etwas zu bedeuten, und die Unkenntnis über die Grenzen der Schmerzen und Begierden uns nicht beunruhigten, dann brauchten wir keine Naturerkenntnis.

Man wird die Furcht, die uns beim Fragen nach den letzten Dingen beschleicht, unmöglich los, wenn man über die Beschaffenheit des Alls nicht unterrichtet ist und daher argwöhnen muss, es könne an dem, was die Göttermythen darüber berichten, doch etwas Wahres sein. Ohne Naturkenntnis kann man also keine Freude vollkommen genießen.

Wenn die Sicherheit vor den Menschen sich auch bis zu einem gewissen Grade durch Macht stützen und durch Reichtum befestigen lässt, so ist doch echter die, welche das Leben in der Stille und die Zurückgezogenheit vor der Masse verleiht.

Der Reichtum, den die Natur verlangt, ist begrenzt und leicht zu beschaffen, der dagegen, nach dem wir in törichtem Verlangen streben, geht ins Ungemessene.

Nicht durch Mitklagen, sondern durch mitsorgende Hilfe beweist man dem Freunde seine Teilnahme.

Wem genug zu wenig ist, dem ist nichts genug.

Bei einem freien Leben kann man nicht viel Geld erwerben – außer man begibt sich in die Knechtschaft der Massen oder der Gewalthaber. Dafür hat man aber alles Andere in dauernder Fülle. Sollte man dann zufällig auch einmal reichlich Geld haben, dann lässt sich dies am besten und leicht so aufteilen, dass man damit die gute Gesinnung des Nächsten gewinnt.

Die schönste Frucht der Selbstgenügsamkeit ist Freiheit.

Auf das Schöne, das keine Freude bringt, verzichte ich gern und verachte auch seine törichten Anbeter.

Die schönste Frucht der Gerechtigkeit ist Seelenfrieden.

Die Natur hat uns zur Gemeinschaft geschaffen.

Dank sei der gepriesenen Walterin Natur, dass sie das Notwendige leicht erreichbar schuf, das Schwererreichbare aber als nicht notwendig!

Das Dasein des Weisen wird nur in nebensächlichen Dingen vom Zufall gestört, denn die wichtigen, wirklich bedeutenden Dinge hat seine Überlegung im voraus geregelt, sie hält sie auch im Laufe der Zeit in Ordnung und wird sie immer in Ordnung halten.

Das Leben eines Gerechten wird am wenigsten von Unruhe gestört, das des Ungerechten ist mit größter Unruhe angefüllt.

Das leibliche Behagen nimmt nicht mehr zu, sobald der Schmerz des Entbehrens ausgetilgt ist, es verfeinert sich nur. Die höchste geistige Freude aber gewinnt, wer die Abschätzung eben der Dinge, die dem Denken die größten Ängste bereiten, richtig vollzieht.
Wer die Grenzen des Daseins erkannt hat, weiß, dass all das leicht zu beschaffen ist, was den Schmerz des Entbehrens austilgt und das ganze Leben vollkommen macht. Ihn verlangt also nicht nach Bemühungen, die nur Kämpfe mit sich bringen.

Wenn du alle Sinneswahrnehmungen verwirfst, dann besitzest du auch keine Stütze, auf die du dich beziehen kannst, um eine einzelne für irrig zu erklären. Verwirfst du irgendeine Sinneswahrnehmung und unterscheidest dabei nicht zwischen dem auf Grund bloßer Erwartungen nur Angenommenen und dem, was du tatsächlich wahrnehmen konntest, sowie zwischen Empfindung und Vorstellung, dann wirst du mit deiner verkehrten Meinung auch alle übrigen Sinneswahrnehmungen verwerfen und damit jedes Kriterium verlieren. Wenn du dagegen die Sinneswahrnehmungen als zuverlässig ansetzest, aber die bloß auf Erwartung beruhende Vorstellung und überhaupt alles, was durch die Sinne nicht bestätigt wird, als unzuverlässig ansiehst, dann kann dir das jeden inneren Zwiespalt ersparen; denn die Entscheidung darüber, was richtig und was unrichtig ist, wird leicht, wenn wir postulieren, dass wir mit den Sinnen alles zuverlässig überwachen können.

Niemand kann sich darauf verlassen, daß er unentdeckt bleiben wird, wenn er gegen die Abmachung, einander nicht zu schädigen, heimlich verstoßen hat, auch wenn er bis dahin tausendmal unentdeckt bleibt. Denn er lebt bis zu seinem Tode in der Ungewissheit, ob er nicht doch noch entdeckt wird.

Grundsätzlich ist das Recht für alle gleich, denn es bedeutet stets in der auf Gegenseitigkeit beruhenden Gemeinschaft etwas Nutzbringendes. Aber wegen der Besonderheiten eines Landes und aus anderen durch die Verhältnisse bedingten Gründen kann es nicht überall für alle gleich sein.

Menschen, welche die Möglichkeit besitzen, sich ihren Nächsten gegenüber in höchstem Maße sicher zu fühlen, die haben miteinander das freudevollste Leben schon gewonnen, weil sie dafür die sicherste Gewähr haben; und im Genuss der engsten Verbundenheit jammern sie auch nicht über den frühen Heimgang eines Toten, als ob er zu bemitleiden wäre.

Zwang ist ein Übel; aber es besteht keine Notwendigkeit, unter einem Zwang zu leben.

Nur einmal werden wir geboren, ein zweites Mal ist nicht möglich, und wir müssen dann eine ganze Ewigkeit hindurch nicht mehr sein. Trotzdem schiebst du den rechten Augenblick immer wieder hinaus und bist doch nicht einmal Herr über den morgigen Tag. Überm Zaudern schwindet aber das Leben dahin und so manche sterben, ohne sich im Leben jemals recht Zeit genommen zu haben.

Wenn man einander nicht sehen, nicht miteinander verkehren und nicht beisammen sein kann, verflüchtigt sich die Empfindung der Liebe bald.
Jede Freundschaft, so sehr sie auch an sich erstrebenswert sein mag, ist zuletzt doch auf den Nutzen gegründet.

Nachwort

Die Freude ist eine individuelle Angelegenheit. Jeder hat für sich selbst festzustellen, wer er ist, was ihm Freude und Schmerz bereitet (siehe die 1. Regel). Und ein jeder hat zu lernen, sich selbst anzunehmen.

Der Weg zur Freude ist wie das langsame, beharrliche Wandern zum Gipfel eines Berges, bei dem mancher Felsen der Erkenntnis mühsam überwunden werden muss, um den Pfad zum Gipfel fortsetzen zu können. Dabei ändern sich in den Phasen des Lebens auch die Prioritäten der Freude und des Schmerzes. Aber die Parameter bleiben immer gleich: Das Freisein von Schmerz ist die Voraussetzung für die Freude.
Man muss sehr gründlich erforschen, wie man zur Freude kommt. Es ist geradezu eine Managementaufgabe im Sinne von Planung, Analyse und Durchführung.

Voraussetzung für die Freude ist der gesunde Menschenverstand; den gilt es zu fördern. Dies ist meines Erachtens möglich durch Mittel der Kreativität und Kunst, die ich übrigens als Einheit von Inhalt und Form definiere. Wir können so auf die Neurosen unserer Gesellschaft, die Macht der Medien, den elektronischen Gigantismus, die Umweltzerstörung usw. aufmerksam machen. Ich bin heute überzeugt, dass man Wirtschaft und Gesellschaft vernetzen und mit Kunst durchdringen muss, so dass letzten Endes ein Lebens-Kunst-Werk entsteht.

Durch Epikurs Philosophie habe ich gelernt, dass Freude als Lebensziel und Ordnungsfaktor nur durch die Integration der drei Bereiche Ökonomie, Ökologie und Kunst/Kultur möglich ist.

Mich interessiert dabei insbesondere das Konzept „INtegrated ART", durch das das Leben selbst zum Kunstwerk wird. Dazu gehören auch neue Betrachtungen über Beziehungen, das Zusammenleben mit Familie und Staat. Unter Umständen muss man neue Formen des Zusammenlebens und eine „Neue Moral" sowie neue Ordnungsparameter anstreben, die auch in der Ausbildung, in der Architektur und in einer neuen Form der Demokratie ihren Ausdruck finden.

Wir können die Krise, in der sich unsere Gesellschaft befindet (und die sich auch durch die Finanzkrise ausdrückt) nur überwinden, wenn wir lernen, unser Leben wieder nach den wesentlichen, elementaren Dingen auszurichten. Das sind die Dinge, die uns Freude bereiten; es ist ein sinnvolles Leben, das unserer Eigenart entspricht und durch das wir unseren Unterhalt bestreiten.

Ihr Reinhardt Stefan Tomek

Hinweise des Verlags:

Die 7 Regeln des Glücks - Die Erfolgsgeheimnisse des „Club Epicure"
gibt es auch als Hörbuch (ISBN 978-3-923135-55-4, Doppel-CD, € 19,90).

Von R. S. Tomek ist 2010 im D. Fischer Verlag auch der folgende Titel in der 2., überarbeiteten Auflage erschienen:

Die 10 Gebote der Lebensfreude. Genieße Dich gesund! Das ÖkoWellness-Konzept.

Dieses Buch klärt auf über Schadstoffe in der Nahrung, über positive und negative Einflüsse auf unser Immunsystem und liefert wertvolle Informationen und Tipps u.a. zur typgerechten Ernährung. Lassen Sie sich von diesen 10 Geboten anleiten, freudvoll gesünder zu leben.

Erhältlich ist das Buch mit und ohne Fragebogen zur persönlichen Stoffwechseltypbestimmung und wichtigen Hinweisen zur Auswertung
(mit: ISBN 978-3-923135-53-0, fester Einband, € 39,90
ohne: ISBN 978-3-923135-52-3, Broschur, € 14,90).

Alle Titel können Sie über den Buchhandel oder über uns beziehen:

D. Fischer Verlag
Müggelseedamm 162
12587 Berlin

berlin@oekowellness.de
Tel. 030 - 616 74 828
Fax: 030 - 616 74 829

Die Synergiebilanz hat sich seit über zwei Jahrzehnten erfolgreich als Basis für eine individuelle Gesundheitsprävention und Therapie bewährt. Sie ist ein hervorragendes Mittel der Selbsterkenntnis und der Steuerung. Erkennen Sie Ihre eigene Persönlichkeit und lernen Sie damit umzugehen. Der Zustand Ihrer körperlichen und seelischen Gesundheit wird Ihnen bewusst. Wie freudvoll leben Sie, wie gesund sind Sie wirklich, wo liegen Ihre Chancen und Risiken...

Bestellkarte für einen Fragebogen zur Erstellung einer individuellen Synergiebilanz nach R. S. Tomek

Die Synergiebilanz hat sich seit über zwei Jahrzehnten erfolgreich als Basis für eine individuelle Gesundheitsprävention und Therapie bewährt. Wie freudvoll leben Sie, wie gesund sind Sie wirklich, wo liegen Ihre Chancen und Risiken...

Um das präzise festzustellen, müssen Sie einen umfassenden Fragebogen ausfüllen, den Sie ganz bequem als PDF-Datei von unserer Homepage **www.oekowellness.de** herunterladen oder bei uns persönlich anfordern können und den Sie dann postalisch oder per e-mail von uns erhalten. Dazu können Sie diese Bestellkarte nutzen.

Zutreffendes bitte ankreuzen:

☐ **Ich wünsche den Fragebogen per e-mail als PDF zugesandt zu bekommen**

☐ **Ich wünsche den Fragebogen postalisch zugesandt zu bekommen**

Wünsche / Anregungen / Anmerkungen:

ÖkoWellness

Den ausgefüllten Fragebogen schicken Sie uns per e-mail oder postalisch zur Auswertung zu. Das Auswertungsgespräch und die Beratung erfolgen je nach Wunsch persönlich und / oder per Telefon. Die Kosten dafür betragen 350,- Euro.

ÖkoWellness-Zentrum . Müggelseedamm 162 . 12587 Berlin
Tel.: 030 - 616 74 828 . Fax: 030 - 616 74 829 . eMail: berlin@oekowellness.de
www.oekowellness.de

Bestellkarte

Absender:

Bitte freimachen!

ÖkoWellness

Diagnostik, Beratung, Therapie, Produkte -
alles aus einer Hand!

Empfänger:

ÖkoWellness-Zentrum
Müggelseedamm 162
12587 Berlin
Deutschland